最新科学で身につける!

ピッチング
バッティングの
技術

著 川村 卓 筑波大学体育系准教授
博士(コーチング学)

イースト・プレス

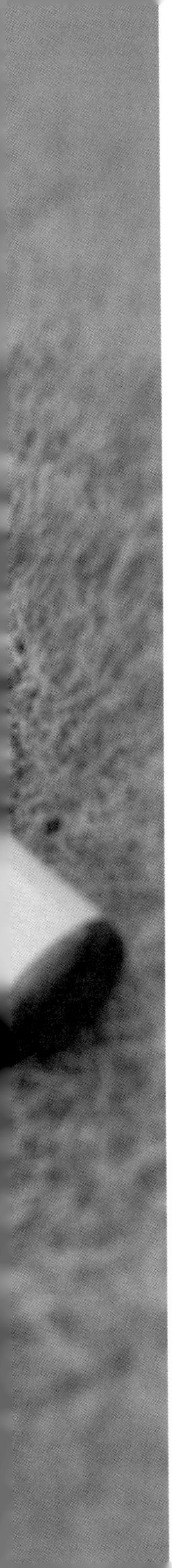

Prologue

はじめに

現代の野球には、大谷翔平という規格外の選手を見ることができます。そして大谷選手の活躍を目の当たりにすることで、MLBの舞台でも日本人選手があれだけの長打、特に逆方向への長打を打つことができることを見せてくれました。もちろん誰しもが大谷選手になれるわけではありませんが、多くの野球選手たちに可能性を示してくれました。

本書は自分の可能性を伸ばしてもらうための考え方や練習方法をまとめています。実は近年、とても気になっていることがあります。それはSNSなどを通じて容易にトレーニング方法を入手できることです。情報を収集すること自体はよいことですが、「そのトレーニングが自分にとって適切か」という判断をしないまま実行してしまうと、必ずしもよい結果につながるとは限りません。きちんとメリットとデメリットを知ったうえで行ってください。

どのようにして自分に適切かを判断するかについてですが、しっかりと「自己分析」をすることです。監督やコーチに意見を求めてもいいでしょう。そうして自分にはどのような特徴や強みがあり、なにが不足しているのかを把握してください。そこから体力、技術、戦術の順に考え、適した練習を繰り返します。

本書でもはじめにフィジカルから入っています。どのようなプレーも自分の身体を使い、バットやボールに力を伝えます。もちろん技術も大切ですが、技術以上にフィジカルが重要です。それも闇雲に筋肉をつけるのではなく、現時点で必要な個所に筋肉をつけていくことがポイントです。地道な練習の繰り返しですが、その極みに大谷選手がいる今だからこそ、彼の活躍を励みや目標にして、自分を高めていってください。そして私たちに新たな可能性を見せてくれる選手を目指してください。その皆さんの姿を見られる日を楽しみにしています。

筑波大学 体育系　准教授・博士(コーチング学)　川村 卓

最新科学で身につける！
ピッチング バッティングの技術

Contents

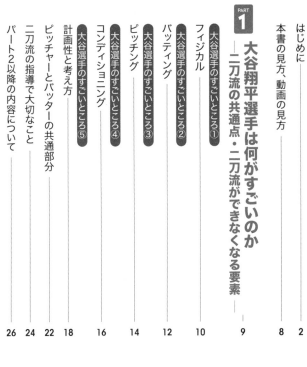

PART 4 二刀流を目指すためのトレーニング ～ピッチング～

動画の見方

STEP 1 **カメラを起動**

スマートフォンやタブレットのカメラを起動します。または、バーコードリーダー機能のアプリを立ち上げます。

STEP 2 **QRコードを読み取るモードにする**

「読み取りカメラ」など、QRコードを読み取れるモードにします。機種によっては自動で読み取りモードになるものもあります。

STEP 3 **QRコードを写す、かざす**

画面にQRコードが表示されるように合わせます。その状態で少し待ちましょう。

STEP 4 **表示されたURLをタップ**

動画のアドレスが表示されたらタップします。すると動画がはじまります。

⚠ 注意点 CAUTION

①動画を観るときは別途通信料がかかります。Wi-Fi環境下で動画を観ることをおすすめします。

②機種ごとの操作方法や設定に関してのご質問には対応しかねます。ご了承ください。

③動画の著作権は株式会社Ski-estに属します。個人ではご利用いただけますが、再配布や販売、営利目的の利用はお断りします。

PART 1

大谷翔平選手は何がすごいのか

―二刀流の共通点・ 二刀流ができなくなる要素―

Two-way player

大谷選手のすごいところ①

フィジカル

バランスの取れた身体から生まれる快走

大谷選手のバランスが取れた身体の象徴的なプレーが走りになる

大谷翔平選手の活躍が二刀流への憧れを加速させる

多くの選手が憧れる二刀流。しかし、これまでの球界史において大谷選手のようなプレースタイルが存在しなかったことが、二刀流の生半可ではない難しさを物語っています。その一方で大谷選手の活躍を目の当たりにして「二刀流を目指したい」という選手が増えていることは事実ですし、私としてもたくさんの選手たちに二刀流を目指してもらいたいです。では「どのように二刀流を目指せばよいのか」。非常に難しいテーマですが大谷選手の活躍を見られるこの時代だからこそ、私自身が研究や指導に携わって得てきた知識や経験と、大谷選手の実際の成長を分析してきた経験から少しでも紐解いていければと考えています。まずは、「大谷選手のすごさ」に着目して話を進めた

いと思います。

前後左右にバランスが取れた素晴らしい筋肉のつき方

大谷選手のフィジカル面で素晴らしい部分は、190㎝以上の高身長に対して非常に均整の取れた体つきをしている点です。**一言でいうと「バランスが優れている」**ことになります。つまり左右均等に筋肉がついているのです。

例えばピッチャーはボールを投げる利き腕側を多く使います。そうすると、利き腕側の肩周りが落ちやすくなります。なぜなら肩回りを多用することで肩甲骨全体の筋肉のボリュームがなくなり、肩甲骨が下がってしまうからです。実際に**高校生や大学生のピッチャーを見ると、「気をつけ」をした状態で片方の肩が下がっている選手をよく見かけます**。このような状態でプレーを続けたら故障しやすいということは想像に難くないでしょう。

また大谷選手のバランスのよさの象徴が走りです。2021年のMLBのデータでは、MLB全選手のなかで大谷選手の一塁到達スピードは4位でした。また2022年のデータでは一塁を駆け抜けるタイムで1位となっています。身体が左右に偏った状態ではこれほどのタイムで走ることはできません。大谷選手の場合は陸上競技の選手並みにバランスが整っているため、このような結果が出せるのです。

さらに野球のプレーでは身体の後ろ側、例えばハムストリングやお尻周りの筋肉が重要になります。その理由は後ほど紹介しますが、大谷選手の場合は身体の後ろ側に加えて、身体の前側の筋力も鍛えられています。つまり左右に対しても前後に対してもバランスよく筋力がついており、それによって走る際に股関節周りを非常にスムーズに大きく動かすことができているのです。

肩が落ちた状態と整った状態

ピッチャーがボールを投げ続けると利き腕側の肩甲骨が落ちてしまう

本来はこのように肩のラインが平行であることが望ましい

バッティング

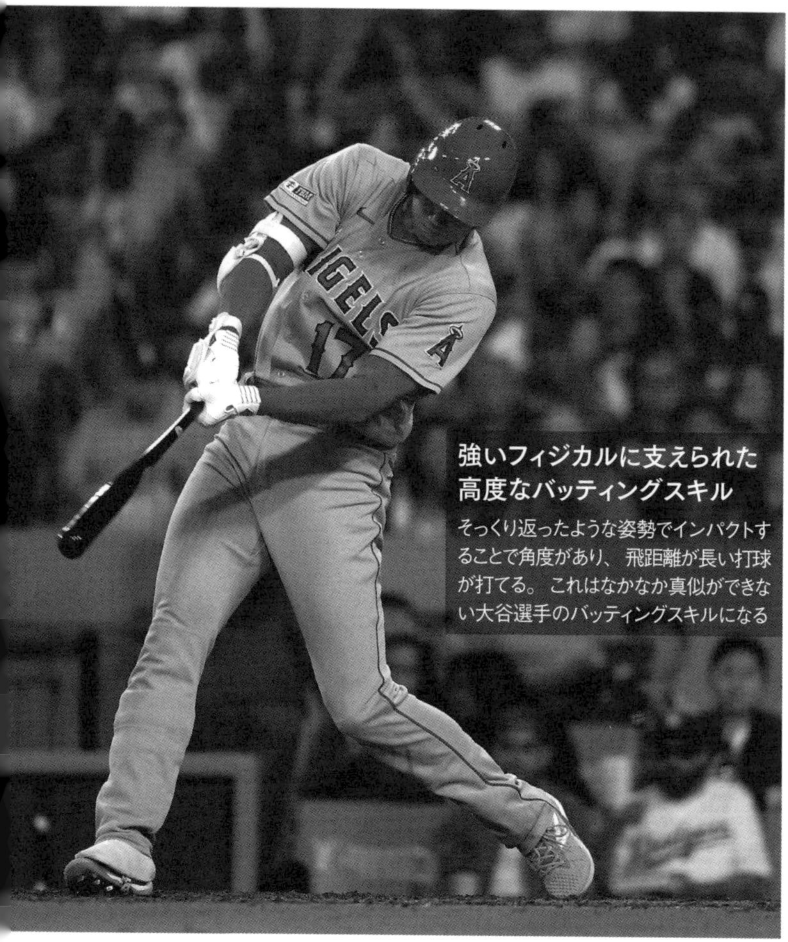

強いフィジカルに支えられた
高度なバッティングスキル

そっくり返ったような姿勢でインパクトすることで角度があり、飛距離が長い打球が打てる。これはなかなか真似ができない大谷選手のバッティングスキルになる

真似のできない高いバッティングスキル

2023シーズンの大谷選手のバッティングを見ると、上の写真のようにそったようなスイングをしています。**頭がほとんど動かずにお尻周りやハムストリング、それから前側の筋肉を使うことでバットをやや下側から振り上げ、打球に角度がつく打ち方になっているのです。**さらにこの姿勢が崩れないのは、**体幹や背中側の筋肉を使って身体を支えられているから**で、他の選手がこの打ち方をすると腰砕けのようになり、大谷選手のようにボールを飛ばすようなスイングはできません。なんといってもこの点が大谷選手のテクニックでありバッティングスキルのすごいところです。

そのような視点で見ると、一時期大谷選手はホームランが出ませんでした。

この時期は背中側に痺れがあるなど、コンディションの不調によって理想的なスイングができていないときで、大谷選手の特徴的な滞空時間の長い角度のついた打球が打てなかったのです。

また前足に着目すると、くさびのようにどっしりと地面に打ちこむことでそったような姿勢を保てるようにしています。バランスが非常に取りづらいのですが、その微妙な加減ができるところも大谷選手のフィジカルの強さやスキルの高さを表しています。

さらに内転筋や中殿筋を上手く使って体重移動をし、コンパクトに身体を回転させてボールに力を伝えることができています。先ほども述べた**フィジカルの強さと理想的なスイングの動きで、ホームラン王になるほどのバッティングが実現できる**のです。それほど素晴らしい動きであり、だからこそ「大谷選手がやっているから真似しましょう」とはいえない部分でもあります。

アメリカで注目されている日本のバッティングスキル

真似ができないと書くと身も蓋もありませんが、大谷選手が昔から今のバッティングスキルを備えていたわけではありません。地道かつ計画性のあるトレーニングによって、少しずつ身につけていったのです。

アメリカに南カリフォルニア大学というMLBのドラフト上位に指名される選手が多く所属する強豪大学があります。このチームのヘッドコーチに「アーロン・ジャッジのような打ち方を指導しているのか？」と尋ねたことがあります。すると彼は「あれはジャッジだからできる打ち方で真似ができない」「ところが選手たちはジャッジのスイングを真似てしまい困っている」との答えが返ってきました。さらに「日本人の打ち方がいいと考えている。**ぜひ日本のバッティングを教えてほしい**」と言われたのです。つまり本書もそうですが、皆さんに指導をされている方々が伝えようとしているバッティングスキルは、アメリカでもよいとされている動きなのです。大谷選手までたどり着くかは置いておき、今は**自分たちの練習や日本のバッティングスキルに自信を持って取り組んでもらいたいと思います。**

Two-way player
大谷選手のすごいところ③

ピッチング

現在が完成形といえるピッチングフォーム

2021年に大谷選手の全三振と全ホームランのデータを分析した書籍『大谷翔平 2021年データブック』(日東書院)を執筆しました。この際に下半身の使い方を指摘したのですが、現在の大谷選手はこの部分が非常に進化を遂げました。具体的には、当時は踏み出した足の接地場所が一定でなかったり、踏み出し幅が不安定でした。ところが2023シーズンは踏み出し足が安定し、軸足に体重を残したままスムーズに体重移動ができたり、それによってコンパクトな腕の振りができるようになっていました。つまり**下半身と上半身の動きがマッチしているために非常に安定したピッチングができ、現在が完成された状態だといえます。**

さらに大谷選手が素晴らしいところは、160㎞/hを超える速球が投げられるという前提があるからですが、**その日のコンディションによって決め球を変えられる使い分け方**です。大谷選手の決め球にはスイーパーやスライダー、スプリットがありますが、相手チームのデータを理解したうえで決め球を変えたり、自身のコンディションによって変えたりと、臨機応変かつ器用に変えることができます。実はこれはピッチャーにとって難しいことですが、大谷選手はこの使い分けをすることでバッターの狙いを絞りにくくしています。

ただし、強いボールを投げるということは身体への負担が大きいといえます。今後はより負担の少ない投げ方を追求していくことが必要になるでしょう。

すでに完成された大谷選手のピッチング

下半身と上半身の動きが見事にマッチしたことで安定したピッチングを実現できている

より省エネな投げ方を追求していく可能性

日ハム時代に「球速170㎞/hに挑戦する」と発言したこともある大谷選手ですが、よりダイナミックなフォームで投げ込めば、この目標に近づくでしょう。しかし、今の大谷選手には必要ないと思います。なぜならすでに十分に打ち取れていますし、二刀流として長いシーズンを戦うためには適度な省エネが最優先だからです。

残念ながら2023年の終盤の怪我により、大谷選手の次の登板が見られるのは2025シーズンからだと言われています。自分と向き合い続けている大谷選手であれば、**長いシーズンを二刀流として戦うための、我々が目にしたことがないさらに効率的なピッチングを披露してくれることに期待して**います。

Two-way player

大谷選手のすごいところ④

コンディション

完璧なコンディショニング

疲労がたまりやすい部位や歪みが生じやすい箇所を整え、同時にボリュームをつけるという高い意識でコンディショニングを行っている

非の打ち所がないコンディショニング

大谷選手のコンディショニングの整え方は見事で、非の打ち所がないくらいに優れています。**彼のコンディショニングは体幹の３つの部位に集約されていて、それが①腰や背中、②肩甲骨周り、③股関節周りになります。**

もしも肩甲骨周りの動きが制限されてしまうと、ピッチングに大きな影響を与えます。そのためきちんと左右の肩甲骨が均等に動くように調整することが大切です。また股関節周りは「骨盤の歪み」という表現があるように、プレーをしていれば必ず左右差が生じます。これをコンディショニングやトレーニングによってどのように抑え、回復させるかも重要になります。

それから長いシーズンを戦っていると、**バッティングにもピッチングにも**

重要な動きである体幹の回旋に影響が出やすくなります。疲労の蓄積によって回旋の動きが制限されやすくなるからです。この部位には背中側の細かい筋肉や先ほども述べた肩甲骨周りの筋肉など、筋量が大きくない部位もあるため、その筋群を整えながら同時にボリュームをつけていくことをこれから30代前半にかけて、大谷選手は追求していくと考えられます。

目で見えない身体の背面に意識を向ける

コンディショニングを疎かにしていると、必ず身体に不調が生じます。プロ野球選手たちでもアマチュア時代の無理や無茶がたたり、早い人は20代前半から、多くの場合は20代の後半に大きな不調が表れやすくなります。それが結果として、現役で長くプレーができなくなる理由の1つになっています。

私が選手たちに伝えていることは、身体の背面を意識することです。身体の前面は鏡で見ることができるため、効果を視認しやすくなります。それに対して身体の背面は見ることができないため、意識が向きにくいのです。意識が向きにくい部位を整えたり鍛えることは、コンディショニングやトレーニングにおいて非常に重要になります。

Two-way player

大谷選手のすごいところ⑤

計画性と考え方

スキルとフィジカルを1セットにした進化

大谷選手が高校1年生のときに作成した「目標達成シート」は多くの方がご存知でしょう。若い頃から非常に高い計画性を持っていたことがうかがい知れるエピソードです。

彼を見てきて**特筆すべき部分は、MLBに行った頃から身体の変化とともに、徐々にピッチングやバッティングのフォームが変化してきたこと**です。この「徐々に」がポイントで、例えば12ページで紹介した、そったようなバッティングフォームですが、日本人選手がいきなりあのような打ち方をしようとしても非常に時間がかかります。その理由は、あの体勢でボールを弾き返すだけのフィジカルがないからです。その点で、大谷選手は移行期が非常に素晴らしかったといえます。これは自分で考えたのか、いろいろな方からのアドバイスを受け入れたのかはわかりませんが、最初の移行期はMLB移籍直後の1、2年目でした。移籍直後の大谷選手はあまりよい成績を残せませんでしたが、それはMLBで戦える身体とスキルを手に入れるための時間だったからだと思っています。

言葉にすると簡単なことに思えますが、**スキルを変えようとするとフィジカルも変える必要があります。この2つの要素を1セットでまとめて行える選手は、まずいません。**それからスキルを変えると、それまで打てていたボールが打てなくなったり、対応力が変わったりします。それを試合で使えるスキルとして自分に定着させることは、一流選手であればあるほど、非常に困難になります。

先ほどの移行期は大谷選手の大きな変革期の1つですが、それ以降も毎シーズン、スキルとフィジカルをセットにして進化を続けています。このこともなかなか真似のできない大谷選手のすごさといえます。

移行期に生じる問題に対してのシンプルな答え

例えば、高目に強いバッターが低目を打てるバッターに移行したとします。この移行期で必ず起こる現象として、「今度は高目が打てなくなった」があり

目標（夢）を達成するために必要な8つの要素

身体づくり	コントロール	キレ
メンタル	ドラ1 8球団	スピード 160km/h
人間性	運	変化球

ます。すると選手たちは「高目は打たなくてもいい」「ファウルにできればいい」など、それぞれの答えを探します。

一方でそれまで打てていたため、簡単に割り切ったり捨てたりできることではなく、バッターにとっての大きな課題として残ることになります。その点大谷選手はどうだったと思いますか？　彼の場合は「全部打ちにいく」という非常にわかりやすい答えを出しました。もちろんあるコースに対して打てない時期もありましたが、短期間で克服できていました。ＷＢＣでチームメイトだった岡本和真選手に対して大谷選手が「バッティングはパワー」と話したとされています。フィジカルの強さとバッティングスキルでＭＬＢの名投手たちを制圧している大谷選手ならではの発言だと感じました。

芯の強さに衝撃を受けた変化球を連投するスタイル

大谷選手のピッチングの考え方も述べておきます。彼のすごさは**あれだけの速球が投げられるのにもかかわらず、変化球で打ち取るという考え方と投球技術を持っていること**です。さらに投じる球種の割合も特筆すべきです。

ＭＬＢの登板でスライダーやスプリットを６～８割の確率で投げ込むことがある大谷選手ですが、もし日本でこのような投球をすれば周りやマスコミなどから批判される可能性があります。大きな理由の１つが「なぜ真っすぐを投げない？」ということです。もちろんＭＬＢでもこういったことが言われる可能性がありますが、大谷選手は「今日はこの球種がいいから抑えられる」という明確な答えを持っており、同時にその球種を投げ続ける芯の強さも持ち合わせています。言い方に語弊があるかもしれませんが、**配球は一切無視してコンディションによってよい球種を投げ込み続ける姿は、観ていてとても気持ちがよい光景でした。**そして私自身、これまでの「真っすぐを活かすことが中心となる配球論」に思い直すものがありました。

30代に向けてのこれからの計画

大谷選手のこれまでの進化をまとめると、無駄な動きをそぎ落としていき、よりシンプルになっています。若い頃は目一杯投げて打つといったプレーをしがちですが、大谷選手は目一杯打っていながらも最低限のステップであったり、グリップを構えた位置から動かさなかったり、テイクバックすることなくそのままスイングを始動するなど、よりコンパクトな動きになっていることが見て取れます。一般的にはシンプルかつコンパクトにするほどパワーの出力が落ちるものですが、大谷選手は同時に進化しているフィジカルによってきちんとパワーが発揮できています。

そして、これからの大谷選手の進化を推察するに、すでに自分のなかに成長プランを描いているでしょう。そのうえでおそらくキーワードになるのは左右のバランスをさらに整えていくことだと考えています。

身体の偏りはいろいろな部位への負荷となり、可動域に制限が生じたりします。その状態でプレーを続けると、怪我につながってしまいます。身体を整えるためにおすすめのトレーニングは「走る」ことです。

実は「走る」ことは、左右のバランスを均等にするうえでとても重要になります。走るといっても全力疾走ではなく、身体の動きを意識できるペー

身体づくりのための8つの要素

身体のケア	サプリメントを飲む	FSQ 90キロ
柔軟性	身体づくり	RSQ 130キロ
スタミナ	可動域	食事 夜7杯 朝3杯

スで左右均等に体重を乗せたり、同じような可動域にしたりして整えていくことです。走ったり、歩いたり、立つことは人間の基本となる動きです。これは皆さんも今からできる動きになります。

大谷選手は30代前半に向けてこういった部分をさらにシンプルにし、走投打のフォームの合理性を追求していくでしょう。同時に強い負荷に耐えられる身体の柔軟性についても、さらに突き詰めていくと思います。

ピッチャーとバッターの共通点

ピッチャーとバッター双方に必要な3つの要素

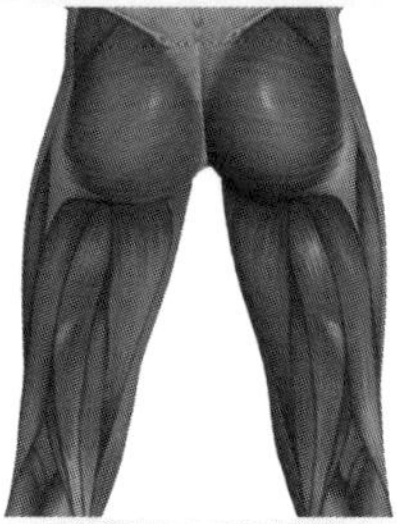

要素1

お尻周りと太ももの裏側

姿勢を安定させたり、地面からの反力を得たりするために必要となる

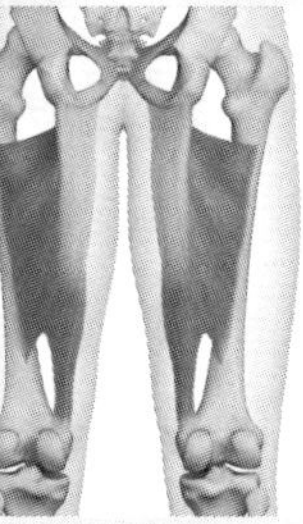

要素2

内転筋

両足の内転筋がしっかりと働くことで、骨盤をスムーズに回転させることができる

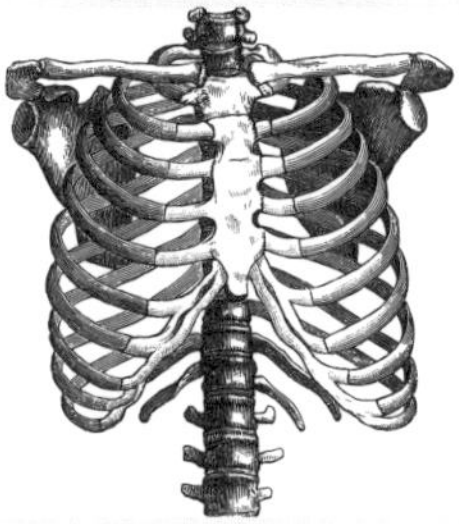

要素3

体幹、特に胸郭

バッティングとピッチングで重要な動きとなる「割れ」に大きく影響する

共通する部位は3つの筋群

これまで紹介してきた大谷選手の動きや私が研究や検証してきた結果から、選手や指導者の皆さんが取り入れられる投打に共通する要素を紹介します。より詳細な情報や具体的な習得方法は第2章以降で紹介しますので、ここでは大きなポイントを中心に解説します。

1つ目の共通点は下半身、特にお尻周りと太ももの裏側の筋量で、この部位の筋力は野球には必須です。下半身は床からの反力をもらったり、上半身へ伝えたり、姿勢を安定させるなど、ほとんどのプレーで必要になります。

2つ目は投打で身体（骨盤）を回旋させる際に必要となる筋力で、特に重要になるのは内転筋です。太ももの内側の筋肉ですが、両足の内転筋がしっかりと働くことで、骨盤がうまく回転します。

３つ目はこれも回旋動作で重要になる体幹、特に胸郭をうまく回旋させられることです。胸郭は上半身と下半身が反対方向へ動く「割れ」の質に大きく影響します。これには背中の筋肉をうまく使えることが重要になります。

ピッチャーとバッターで異なる動きと部位

ピッチャーがバッター以上に必要になる動きは基本的な柔軟性です。**特に背中側、肩甲骨周りやその少し下の部位になりますが、ここの柔軟性があると可動域が広くなります。**すると肘がしっかりと上げられたり、腕全体を大きく動かすことができたり、腕のしなりが作り出せるようになります。投球についてはテクニカルな部分との関連もありますが、柔軟性が高いことでよりよいピッチャーになれる可能性が高まります。

一方でバッターがピッチャー以上に必要となる動きですが、**回旋や捻転動作のスピード**になります。この動きにスピードがあることで、スイングスピードが速くなったり、コンパクトなのに強いパワーが発揮できたりします。またスイング時にぶれないという意味では、バッターはピッチャー以上に全体的な筋量があるほうが理想です。

バッティングとピッチングで異なる動き

ピッチャーに求められる背部の柔軟性

特に背中側、肩甲骨周りやその少し下の部位の柔軟性があることで可動域が広くなりピッチングによい影響を与える

バッターに求められる回転速度とパワー

回旋や捻転動作のスピードがあることでスイングスピードが速くなる。また安定したスイングのためには全体的に筋量があることが理想

二刀流の指導で大切なこと

指導者に必要なことは遠慮せずに配慮すること

この章の最後に、我々指導者の二刀流を目指す選手たちへの関わり方について述べておきます。

指導者にとっての二刀流の難しさの1つに、投打双方の目先の結果にとらわれてしまうことがあります。学生野球の時間は短いのですが、投打両方の素質があると感じた選手に対して先見性を持ち、常に先を見据えて指導をすること。そして変化を恐れずに向き合うことが大切です。恐れずという意味ですが、二刀流への挑戦は大変なことであるのは間違いありません。選手も指導者も投打両方に挑戦することを自覚し、練習を繰り返していく必要があります。さらに指導者はいろいろなことに遠慮せず、積極的に投打の両方で選手を使っていきましょう。それから指導者には、選手への配慮も必要です。配慮とは、この時期はバッティング重視、この時期はピッチング重視という期の分け方になります。例えば高校野球であれば秋の大会ではバッティング重視、春の大会ではピッチング重視、そして夏の大会では両方で出場といった具合です。

二刀流に挑戦する以上は、どこかで全力で両方のプレーをする時期がきます。その時期をきちんと見越しながら、練習に取り組んでいきましょう。そうするためには、先ほども述べた指導者が変化を恐れず、投打両方のプレーに耐えられる指導の仕方が必要です。

ちなみに私の主戦場である大学野球界では、現在本格的に二刀流でプレーしている選手はいません。それだけ二刀流が難しいのですが、同時に大学生（高校生もですが）は、野球以外に学業などやるべきことが山積みです。そのような環境では、なかなか本格的な二刀流への挑戦は難しいでしょう。

いずれにしても大谷選手のプレーに感動し、二刀流を目指す選手たちは間違いなく増えていくでしょう。その選手たちに対してどのような指導が適切なのか。それを考えることが私たちに与えられた大きな課題の一つであることは間違いありません。

食事と睡眠の基礎知識も選手たちに伝えたい

大谷選手の睡眠時間が話題になることがありましたが、より身体への負担がかかる二刀流への挑戦では、食事やリカバリーについての指導も重要な役割です。

食事に対して私が選手たちに伝えていることは、まずはきちんと食事をすることの大切さです。近年の選手たちは、栄養の補給をサプリメントで行おうとすることが非常に多くなりました。もちろんサプリメントは栄養バランスがよくなっていますが、それで十分かと問われるとそうではないでしょう。栄養摂取で大切なことは、**特別なメニューでなくてよいので、きちんと普段の食事をすることです。そして食事で不足する栄養素については、サプリメントで補うようにします。**1試合投げると体重が2、3キロ減ってしまう選手もいます。そうするとバッティングにも影響が出るため、食事でのリカバリーは、二刀流であればあるほど重要になります。

それから睡眠です。疲労を回復して翌日の練習に臨む準備としても、怪我なく長く野球を続けていくためにも、**睡眠は最も大切なこと**です。睡眠については間違いなく、大谷選手や菊池雄星選手のほうが詳しいと思います。機会があればぜひ睡眠の工夫を聞いてみたいのですが、とにかく私が選手たちに伝えているのは「忙しいのは十分にわかるが、睡眠時間をしっかりと確保してくれ」ということです。選手によっては睡眠よりも練習を優先するなど、睡眠が疎かになる場合があります。この点もぜひ多くのメディアが取り上げてくれることで、選手たちに睡眠の大切さが浸透すればよいと感じています。

心身ともに挑戦できる選手がいる場合には、積極的に二刀流への挑戦をさせてあげたい

パート2以降の内容について

3つの章に分けて身体の使い方を中心に紹介

　書籍には1冊ごとにテーマがあり、そのテーマによってはテクニック中心に紹介する場合もあります。しかし本書では野球選手にとって本当に必要な動きを、初級者向けから上級者向けまで3つのレベルに分けて紹介します。また、各章は「フィジカル」「バッティング」「ピッチング」の3つに分けています。

　それぞれの章では、はじめに「初級者から上級者のそれぞれで身につけたい動き」「なぜその動きが必要なのか」「指導時のポイントと注意点」を中心に述べています。続くページでは、論文の内容を紹介することで「踏まえておきたい技術や要素」を紹介しています。論文というと難しく感じる方もいるでしょうが、ご自身の新たな気づきや選手たちへの説得力のある説明として、利用していただけたらと思います。

　最後に本書のメインとなる練習方法のページですが、先ほど述べたように3つのレベルに分けて練習の目的やポイントを解説しています。また写真だけでなく動画でも見られるように構成していますので、動きのイメージがつきにくければ動画も参考にしてください。それから、すでに指導経験が豊富な方は十分にご存知でしょうが、1つの練習方法はある選手にはしっくりとくるものの、ある選手にはピンとこない可能性があります。これは選手一人ひとりが違う以上、当たり前のことです。その当たり前のことを踏まえたうえで、指導の参考にしてください。

　また本書をお読みいただいている選手の皆さんは、ひと通りの練習を試してみて、自分にしっくりとくる練習を中心に実践という使い方でもよいでしょう。一方でしっくりとこない感覚があれば、それは自分にとってよりよい動きを習得するきっかけになるかもしれません。自分の動きを動画で撮ってお手本の動画と見比べたり、コーチや監督に変化を見続けてもらったりと、いろいろな方法で上達へのヒントにしてみてください。

PART

2

二刀流を目指すためのトレーニング ～フィジカル～

各カテゴリーのフィジカルトレーニング

カテゴリーごとの目的

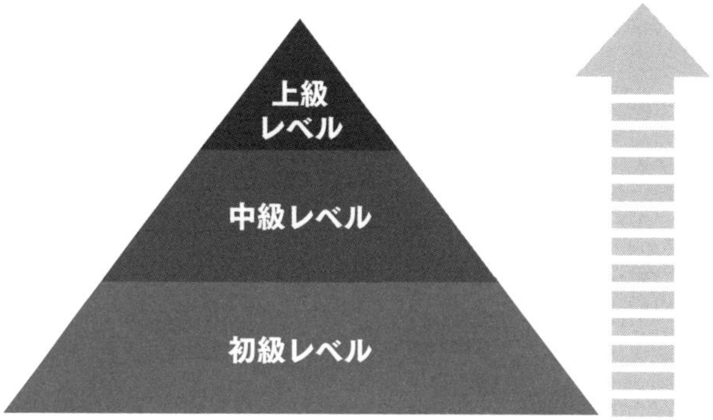

上級レベル

バリスティックトレーニングが中心。筋力を実際の動作に結びつける

中級レベル

筋力トレーニングが中心。全体的な筋量を上げることで負荷の高いプレーへの耐性をつけ、怪我の予防をする

初級レベル

柔軟性が中心。全身の柔軟性を向上させ可動域を増やす。野球で重要となる胸郭の柔軟な使い方もこの段階で習得する

各カテゴリーのトレーニングの主な目的はこのようになる。カテゴリーが上がっても下のカテゴリーのトレーニングを継続して行う必要がある

根本的な土台を作ることで怪我のリスクを下げて上達

カテゴリーごとに必要だと考えている要素ですが、初級レベル（小中学生）では柔軟性になります。そして中級レベル（中高生）になると柔軟性に加えて筋量のアップになります。さらに上級レベル（高校から大学生、社会人）では、これらの要素に加えて弾みを使った動き（バリスティックトレーニング）、つまり身体のバネを養成する内容が求められます。大切なことは、ここで挙げた順番で行っていくことです。例えば柔軟性や筋量がないのにもかかわらずいきなりバリスティックトレーニングを行うと、身体にかかる負荷が非常に高いため怪我のリスクが高くなると同時に、土台ができていないため上達につながりにくくなるからです。それでは、それぞれの内容を理由と合

わせて細かく説明していきます。

各カテゴリーの要素を積み上げプレーの質を上げていく

　まずは初級レベルで必要となる柔軟性ですが、柔軟性を上げることで可動域を増やし、怪我を防ぐことが最大の目的です。もちろん柔軟性だけでは不十分ですが、まずは柔軟性があることで、その後中級や上級のトレーニングにつながっていきます。例えばピッチングですが、肩関節の可動域が少ない状態であるのに筋量を増やすトレーニングをし、結果として速いボールを投げられたとします。このような場合は1球投げるごとに柔軟性の少ない肩関節などに大きな負担がかかります。そうなると柔軟性が高い選手と比較して怪我のリスクが高まることは容易に想像ができます。そのような事態を招かないために、はじめに柔軟性を高めます。また私が常々口にしている「胸郭」を動かすこともこの段階から行っていきます。

　続いて中級レベルの筋量アップですが、高い柔軟性や可動域があったとしても、関節をコントロールする筋力や体力が不足していることで怪我につながってしまいます。また初級レベルと比べて身体が成長するため、1つひとつのプレーの負荷も大きくなります。パート1でも述べましたが、特に太ももの表裏やお尻周りの下半身を鍛えていきます。それから上半身では背中側、特に広背筋や脊柱起立筋、体幹を鍛えることで、投打に必要となる身体の捻転（回旋する力）をパワーアップします。

　最後に上級レベルですが、このカテゴリーではこれまでのトレーニングを踏まえたうえで、よりパワフルで質の高い動きを作っていきます。そのために行うバリスティックトレーニングは「筋力を実際の動作に結びつける」ことが目的です。そのためには徒手抵抗と呼ばれる「素手で身体に負荷を加える」動きやメディシンボールを使ったトレーニングが中心となります。

　繰り返しになりますが、中級レベルになったからといって初級レベルのトレーニングをしなくてもよいわけではありません。中級レベルであれば、そのレベルのトレーニングに加えて初級レベルのトレーニングも行います。上級レベルであれば、すべてのカテゴリーのトレーニングを行います。それに投打の練習を加えることで、より質の高いスキルの習得を目指します。

フィジカルのスイングへの影響の例

角度の定義

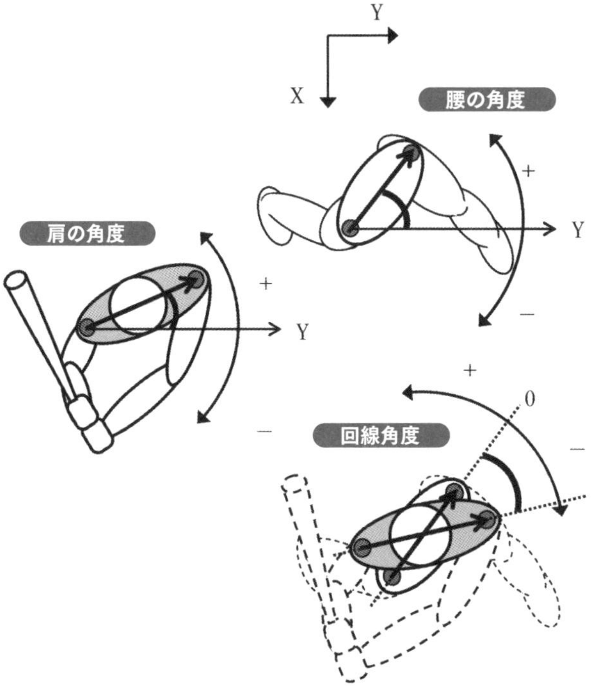

肩と腰、捻転の角度をこのように定義して計測を行った

参考文献：田内健二ほか(2005), 野球のティーバッティングにおける体幹の捻転動作がバットスピードに及ぼす影響, コーチング学研究18巻1号 p.1-9

体幹の捻転の重要さを知ることができた論文

まずはバッティング時の捻転動作を紹介します。よいバッティングには、胸郭を活かした体幹の捻り（ツイスト運動）による素早い捻転動作が求められます。ここで紹介する論文はティーバッティング時の体幹の捻転動作が、バットスピード（ヘッドスピード）にどのような影響を及ぼすかを検証したものになります。具体的な体幹の捻り角度は、図にあるように腰の角度と肩の角度との差になります。

表は、ヘッドスピードとスイング局面での体幹（腰、肩、捻転）の角度と角速度の相関係数を示しています。研究の最大の目的であるヘッドスピードと体幹角度には、明らかな相関関係は見られませんでした。そしてこの論文の結びでは、「①捻転の負の平均角

バットの速度と体幹の運動との相関係数

				バットスピード
角度	スイング開始時	腰の角度		-0.089
		肩の角度		0.290
		体幹の捻り角度		0.398
	捻転の最大局面	腰の角度		0.413
		肩の角度		0.555
		体幹の捻り角度		0.083
	インパクト	腰の角度		0.217
		肩の角度		-0.444
		体幹の捻り角度		-0.593*
角速度		腰の角度		0.248
		肩の角度		-0.201
		体幹の捻り角度	negative:	-0.593
			positive:	0.429
最大角速度		腰の角度		-0.311
		肩の角度		-0.519
		体幹の捻り角度	negative:	-0.542
			positive:	-0.453

特に色のついた部分の数値（0.593）は非常に大きな値になる。この計測によって、スイング始動時に背面側へ捻っていく動きが速いほど捻転後の角速度が速くなることがわかる。私もこの検証によって捻転動作の重要性を理解できた

速度とヘッドスピードの間には有意な負の相関関係が認められた（r=-0.593,p<0.05）、②捻転の負の角速度が高値であった者は、最大捻転直後に捻転の正の角速度が急激に増加する傾向が認められた」と述べられています。これを要約すると、「**捻転の角度よりも捻転の角速度が重要で、捻転の角速度は肩の捻り戻しの角加速度を高めることで、ヘッドスピードに間接的な影響を及ぼしている**」ことです。

体幹の捻転動作はスイングの一連の流れの途中ですので、この部分だけを取り出してヘッドスピードとの関係を結びつけることは現実的ではありません。しかしこの研究によって、捻転動作がスイングにおいて重要な動きであることは間違いなく解析できており、私にとっても新しい着想を得た論文となっています。

フィジカルのピッチングへの影響の例

前足の屈曲だけでなく後ろ足の伸展も重要になる

一流ピッチャーの下半身の動き

前足のステップに入ったところ。この前段階では地面に対して真っすぐに立つ動きとそのための筋力が必要となる。それが結果的に地面にしっかりと力を加えることになる

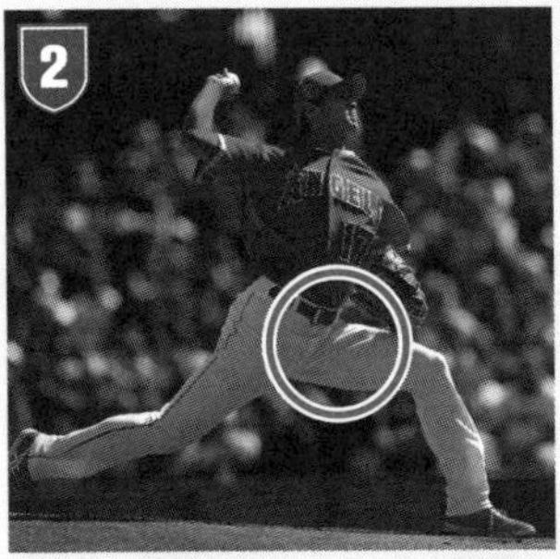

前足の股関節を屈曲しながら腕を振り出す。腸腰筋などのインナーマッスルの働きが重要になる

後ろ足を伸展しながらリリースする。ハムストリングや大殿筋といった下半身の筋肉と筋量が大切になる

一流のピッチャーと、その域に達していないピッチャーの動きには様々な違いがあります。そのなかで私が着目している要素の1つ、脚の屈曲と伸展についての論文を紹介します。

結論から述べると、一流のピッチャーは①後ろ足でプレートに力を加えつつ、前足を踏み出しながら体重移動をする（このときに前足の股関節が曲がる＝屈曲する）、②捻転動作を用いながら割れを作り、腕を振っていく、③後ろ足のお尻が上がりながらリリースする（このときに後ろ足が伸展する）といった下半身の動きをします。ポイントは、前足の股関節が曲がりながら打者方向へ重心を移動させ、③でしっかりと前足に体重が乗ることです。それが結果としてよい並進運動となります。

一流ピッチャーとそれ以外のピッチャーの各関節角速度の比較

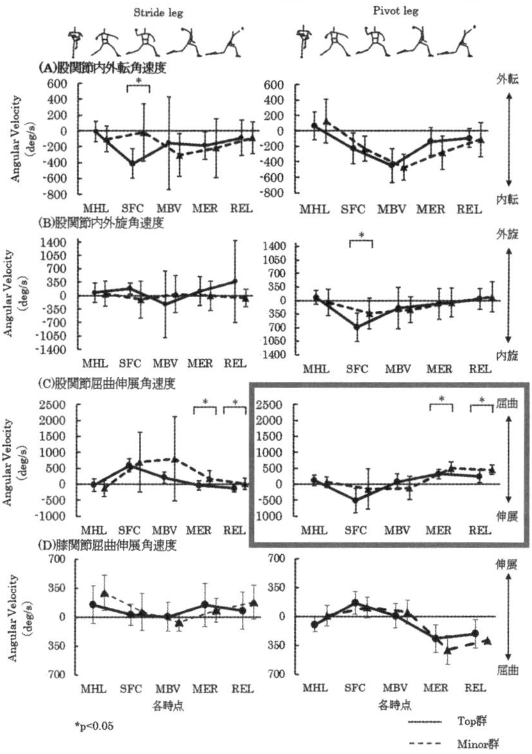

枠で囲んだグラフのMERからREL局面を見ると一流のピッチャーの値が限りなくゼロに近いことがわかる。このポイントとなるのが後ろ足の伸展の動きとなる

各局面の意味

MHL
ストライド足の膝関節の最大挙上

SFC
ストライド足の接地

MBV
ボール速度最小値

MER
投球腕肩関節の最大外旋位時

REL
ボールリリース時

参考文献：波戸謙太ほか (2021), 野球投手の一流競技者にみられる投球動作の特徴, コーチング学研究35巻1号 p.1-17

並進運動とはバッターやキャッチャー方向に対して地面と平行に進む動きで、できるだけ平行に動けたほうがダイレクトに投球方向にパワーを発揮できます。一方で一流ではないピッチャーの場合は、前足が屈曲しながらリリースするため、バッター方向に沈み込むような並進運動になります。その結果、一流のピッチャーと比べるとバッター方向に対してのパワーロスが生じてしまいます。

以前は前足の股関節を屈曲しながら投げることで、球速が出ると考えられていました。ところがこの研究などにより、**後ろ足の伸展の重要さに着目されるようになっています**。上の図は、このことを示す検証結果の一部です。

なお、一流のピッチャーの①では腸腰筋などのインナーマッスルが、③ではハムストリングや大殿筋が重要です。

肩甲骨周りの筋肉の柔軟性を高める棒体操

動画はこちら

肩甲骨周りには多くの筋群があります。この筋肉を継続的に動かすことで、肩甲骨周りの柔軟性を養い、可動域を広げることができます。このトレーニングは棒を使って11通りの動きを行うことで、肩甲骨周りの筋肉にいろいろな方向から刺激を与えます。

回数や時間の目安 各種目左右10秒ずつ、もしくは左右5回ずつ。11種目を通して行う

棒体操① 前後に棒を動かす

なるべく腕の間隔を狭くして持ち、棒を前後（胸側から背中側）に動かす。肩甲骨から肩を動かす意識で行う

棒体操② 大きく左右に棒回し

回したいほうと反対側に棒を引き、棒が身体の周りを1周するように回す。肩甲骨をしっかりと動かし、脇腹（肋骨のあたり）を開くことが動きのポイントになる。左右とも行う

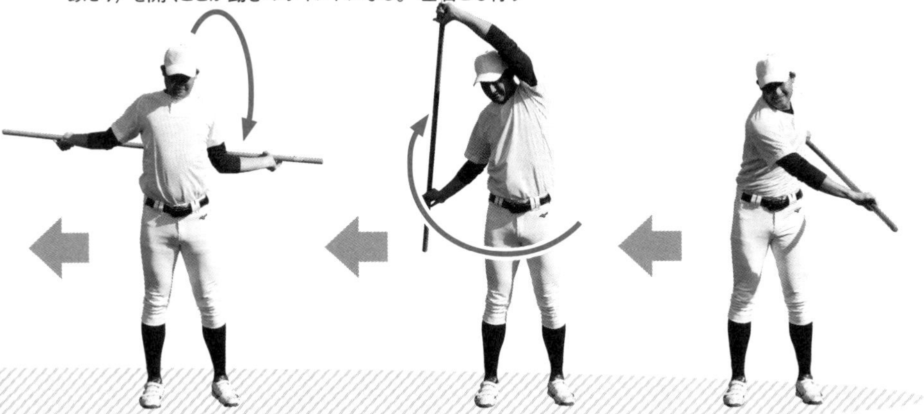

棒体操③ 肩甲骨を使って斜めに動かす

手のひらのなかで棒を滑らせながら、肩甲骨を使って腕を斜め上に上げていく。 肘を伸ばして肘の位置も上げ下げするように行う。 左右とも行う

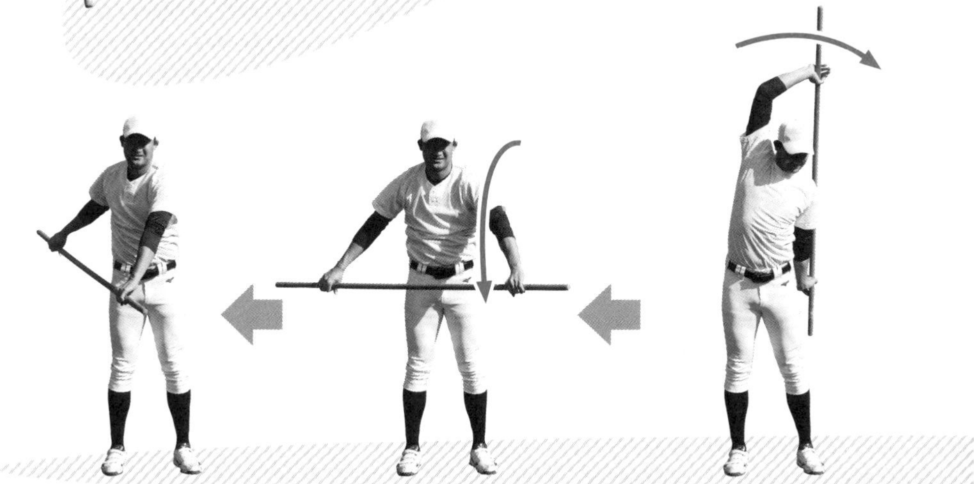

棒体操④ 棒回しで肩甲骨を大きく動かす

両肩の高さに棒を持つ。肩甲骨を動かして脇腹周りや胸回りを開いていく。脚の横に棒の先端を置き、腕ではなく肩甲骨を使ってできるだけ大きな円を描くように棒を回す。左右とも行う

棒体操⑤ 棒を担いで左右にツイスト

棒を使うことで肩甲骨と連動して胸郭が動かしやすくなる。胸（胸郭）をできるだけ正面に向け続ける意識で左右に棒を動かす

棒体操⑥ 棒を使って肩甲骨を上に上げる

肘の下に棒を通し、下の手（ここでは左手）で棒を上に上げながら肩甲骨を上げる（挙上）。肩甲骨を挙上することで投球時に肘が上がりやすくなる。左右とも行う

棒体操⑦ 棒を使ってピッチングランジ

足をステップしたときに、腰と肩回りにたがい違いのずれを作る。そのためには胸郭がしっかりと動くことが大切であり、これをスムーズに何度もできるようにする。左右とも行う

棒体操⑧ 片手で棒を持って回す

腕の高さを変えながら手首を使って棒を回す。 そうすることによって、 肘の回内外の動きを引き出せ、 柔軟性も養える。 左右とも行う

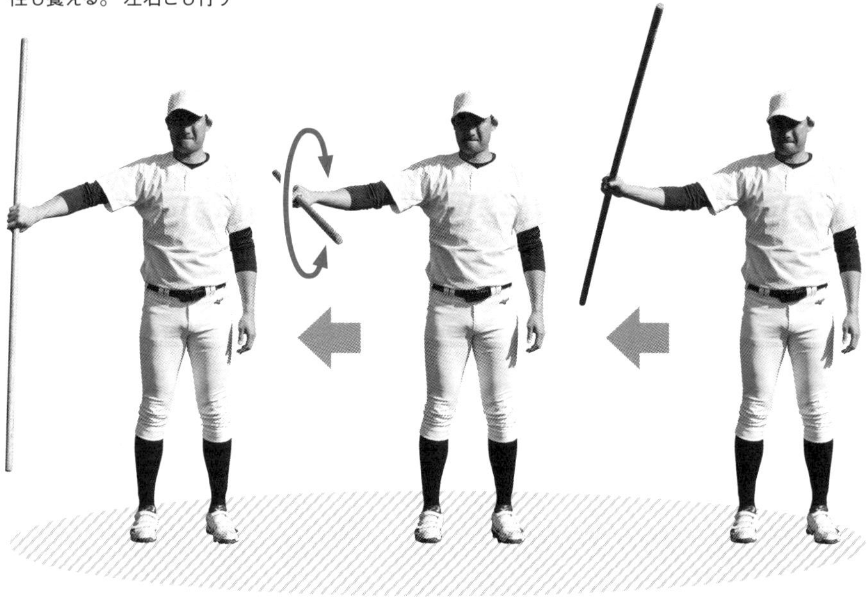

棒体操⑨ 棒を背負い投げ

下半身と上半身を連動させて、 背負い投げをするように棒を動かす。 股関節を意識し、 全身の可動域を広げるためにできるだけ大きく棒を動かす。 左右とも行う

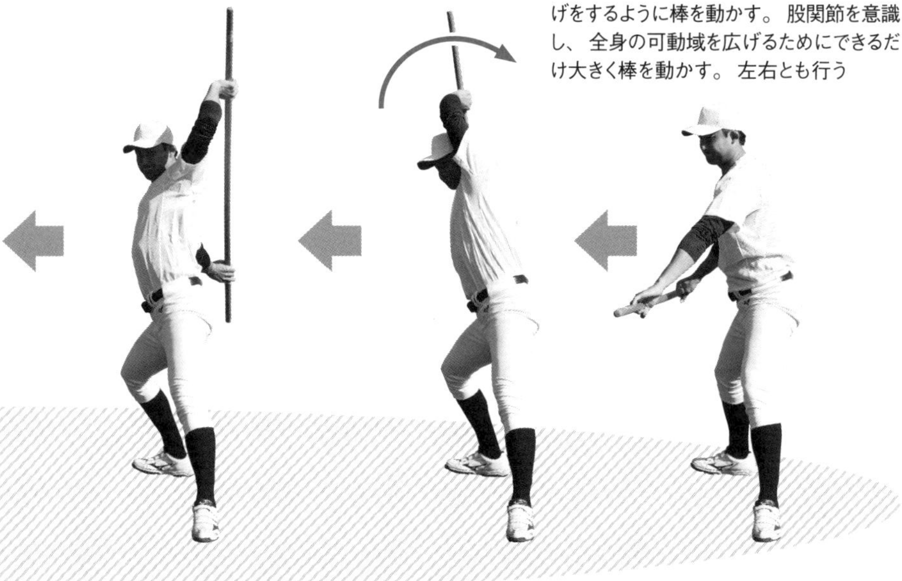

棒体操⑩ 棒を支えにしてT字バランス

軸足のハムストリングからお尻にかけての筋肉を強化できる。 バランスを取りながらできるだけ背中を真っ直ぐに保つことが大切になる。 左右とも行う

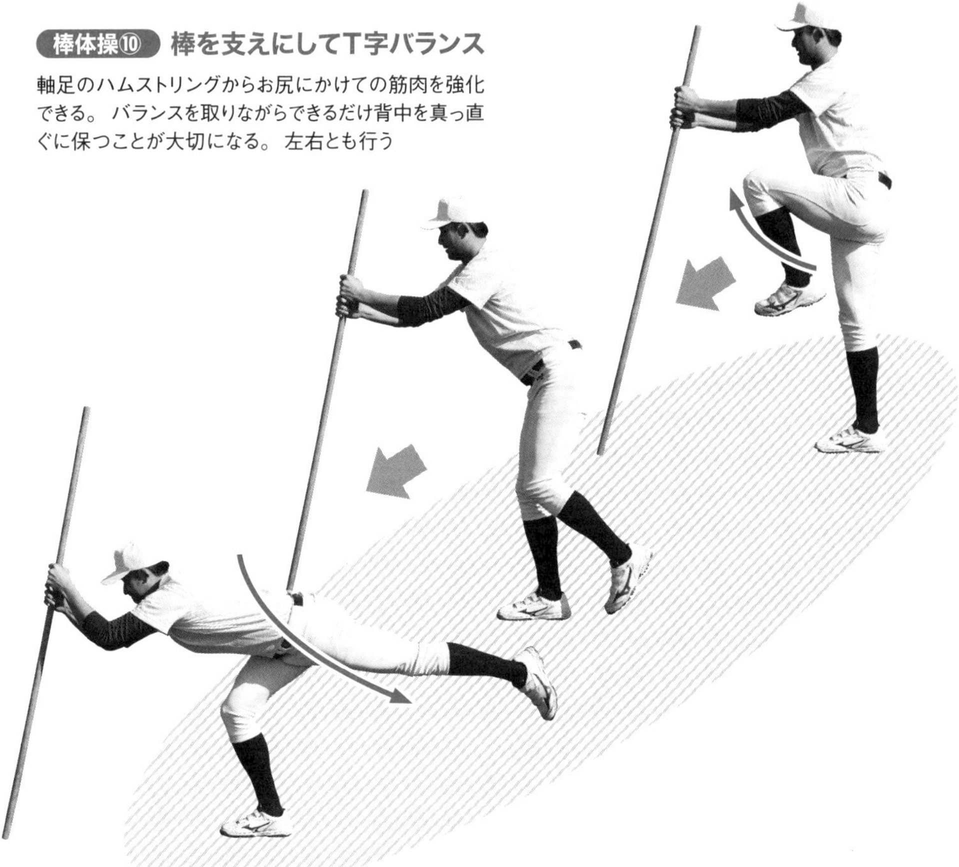

腰から背中や肩甲骨周辺を伸ばす。背中を伸ばすことで結果的にお尻が動く。腰だけではなく、肩甲骨を伸ばすような意識をもって行うとよい

棒体操⑪ 前に棒を突いて背部の筋群伸ばし

この棒体操は、野球に必要な動きを一連の流れでできるように作ったものです。大切なことは継続して行うこと。できるだけ毎日行ってください。継続して行うことで、その日のコンディションチェックにもつながります。

四つんばいで肘を上げて胸郭の可動域を広げる

動画はこちら

胸郭を動かせることの重要性はこれまでに述べてきたとおりです。このトレーニングは必然的に胸郭の柔軟性を引き出すため、初歩的なトレーニングとして最適です。最終的にはしなやかに身体を使いたいので、できるだけ自然な捻れも作れるようにしましょう。

回数や時間の目安 左右5回ずつ×2～3セット

1 四つんばいになり頭の上に手を乗せる

2 胸の中心を動かすことを意識して肘を身体の中に入れる

3 胸を中心に動かして肘を上に向ける。 腰やお尻が動かないようにする

上げるほうの腕は、できるだけ地面に対して垂直になるまで上げます。腰やお尻が動かないことが大切ですが、初めのうちは2人組になり、片方に腰を押さえてもらってもOKです。

動画はこちら

ペットボトルを使って外旋と内旋、挙上

ペットボトルに水や砂を入れて行うトレーニングです。外旋と内旋は身体の中心より30度外側や内側に、挙上は腕が地面と平行になるくらいまで上げます。外旋と挙上は肩の上部にあるローテーターカフに、内旋は棘下筋《きょくかきん》や小円筋《しょうえんきん》に働きかけます。

回数や時間の目安　左右5～10回ずつ×2～3セット、上げるのに5秒下げるのも5秒かける

横向きに寝て腕を外旋

1

ペットボトルを持ち、 上側の脇にタオルをはさんで横向きに寝る

2

地面に対して30度になるくらいまで腕を上げる

3

地面に対してこちらも30度程度腕を下げる。 左右とも行う

横向きに寝て腕を内旋

1 ペットボトルを持ち、下側の脇にタオルをはさんで横向きに寝る

2 地面に対して30度くらいまで腕を上げる

3 ゆっくりと腕を戻す。左右とも行う

両手にペットボトルを持って挙上

1 両手にペットボトルを持ち、キャップを下に向ける

2 ゆっくりと腕を下げていく

3 キャップ同士が触れるくらいまで下げる

4 腕と地面が平行になるくらいまでゆっくりと上げる

脇にタオルをはさむ理由ですが、なにも挟まないと身体の軸が傾いた状態になります。そこにタオルをはさむことで、身体の軸を真っすぐにすることができます。

チューブを使って肩甲骨周りの柔軟性アップ

動画はこちら

チューブを背中に通して肩甲骨を背骨に近づけたり、背骨から離したりします。前に出すときは前鋸筋を、後ろに引くときは菱形筋を使います（下のイラスト）。胸の中心に手のひらを当てるとこの2つの関節を動かす感覚がつかめますので、はじめにその動きをしてもいいでしょう。

回数や時間の目安 5～10回ずつ×2～3セット

1 チューブを背中に当てて持つ。 自分に合った強度のチューブを使う

2 肩鎖関節と胸鎖関節を動かしてチューブを引っ張る

イラストの2つの筋肉を使います。

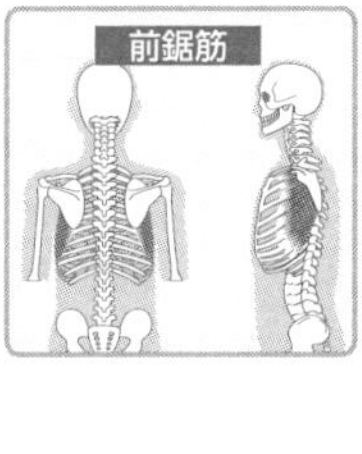

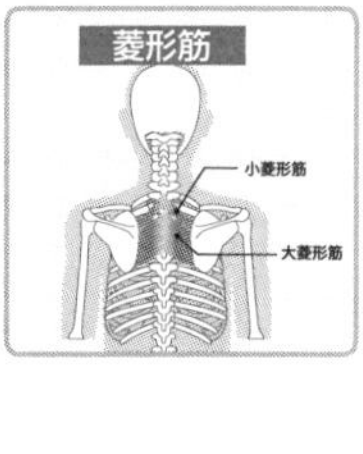

棒を担いで胸郭を中心に回旋

動画はこちら

棒を担いで∞を描くように動かします。ポイントになるのは胸郭で、できるだけ腰を動かさずに胸や脇腹を中心に行います。胸郭の可動域は10度程度ですのでそれ以上の可動量になりますが、胸回りを中心にできるだけ大きく回してください。

回数や時間の目安　前後それぞれ15～20秒ずつ×2～3セット

1 棒を担いで持つ。 バットで代用することもできる

2 まずは後ろ側に∞を描くように棒を動かす

3 胸や脇腹を中心に動かし、 できるだけ腰が動かないようにする

4 一定時間行ったら今度はクロールのように前側に動かす

ワンポイント

どうしても腰が動いてしまう場合には2人組になり、ペアに腰を押さえてもらいます。棒だとペアに当たる危険があるため、バットを担いで胸や脇腹を中心に動かしてみましょう。脇腹を開けたり閉じたりする動きが非常に大切です。

足首を持って股関節ほぐし

動画はこちら

特に成長期に行ってもらいたいトレーニングです。急激に身長が伸びる時期は姿勢が悪くなり、太ももの前側が硬くなってしまいます。その状態でプレーをすると怪我のリスクが高まりますので、このトレーニングでしっかりと太ももの前側をほぐします。

回数や時間の目安　左右それぞれ15〜20秒ずつ×2〜3セット

1
棒や壁を使って姿勢を真っすぐにし、片方の足首を持つ

2
姿勢を真っすぐに保ったまま足首を上に上げる

ワンポイント

急激に身長が伸びる時期は身体のバランスが崩れるため、骨盤が後傾したり反り腰になりがちです。このトレーニングでは、姿勢を真っすぐに保って行うことが大切です。

四つんばいになってキャットドッグ

動画はこちら

四つんばいになって背中を地面と水平にした状態から、背中を丸めて反っていく動きがキャットドッグです。この動きをすることで肩甲骨や胸椎、骨盤の柔軟性を高めることができます。また投打で重要になるお腹回りと骨盤の連動性を向上させる効果も得られます。

回数や時間の目安　5〜10回×2〜3セット

1 四つんばいになり、背中を地面と水平にする

2 5秒ほどかけてゆっくりと背中を持ち上げていく

3 背中を完全に丸めた状態で5秒ほどキープする

4 5秒ほどかけてゆっくりと元の姿勢に戻る。この動きを繰り返す

この動きはお腹回りと骨盤の連動性を高めること以外に、姿勢が整うという効果もあります。よい姿勢はよい動きを作るために必要不可欠ですので、日々実践してください。

四股から腰を下げて股関節の柔軟性アップ

動画はこちら

相撲の四股を踏む姿勢から真っすぐに腰を落とし、股関節周りの柔軟性向上や筋力アップを同時に行えるトレーニングです。股関節周り（鼠径部《そけいぶ》）の柔軟性が高まることで、投打の動きが洗練されます。

回数や時間の目安　左右それぞれ5〜10回×2〜3セット

1 真っすぐに立つ

2 姿勢を真っすぐに保ったまま片方の足を上げる

3 上げた足を遠くに下ろして四股を踏む

4 さらに腰を落としていく。 この後は逆方向に同じ動きを行う

鼠径部を大きく動かすことで、股関節周りの腸腰筋などの柔軟性を養うことができます。

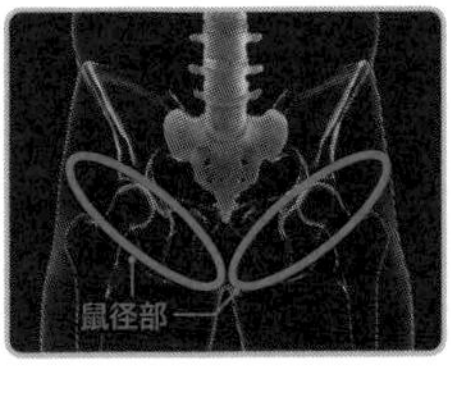

動画はこちら

ペアになって胸郭の柔軟性強化

41ページで紹介した胸郭の動きを引き出すトレーニングのハイレベルバージョンです。41ページでは腰の向きに対して身体を90度くらい捻ることが望ましいのですが、2人組で行う場合には110度くらいの角度を目指してみましょう。

回数や時間の目安 左右それぞれ5～10回×2～3セット

1 2人組になる。片方が膝立ちになりペアは両肩に手を置く

2 ペアは肩を持って身体を捻じっていく

3 補助してもらうほうは腰の向きを固定して身体を捻じる

4 110度くらいの角度を目指して行う

ワンポイント

ペアが両脇の下に手を入れるとより大きな力で捻りの補助ができます。慣れてきたら補助の力を弱めできるだけ自らの捻転動作で捻れる角度を大きくしましょう。

ブリッジで歩いて柔軟性&筋力アップ

動画はこちら

中級レベルになると関節を安定させるために筋量をアップする要素が加わります。ブリッジをすることによって肩甲骨の柔軟性と同時に筋力アップも期待できます。特にブリッジをした状態で歩く際には関節を安定させる必要があります。

回数や時間の目安　前後左右に5～10歩×2～3セット

1 仰向けになって寝転がり、手のひらを地面につける

2 お腹を突き上げるようにしてブリッジの姿勢を作る

3 ブリッジの状態から歩き出す

4 前後や左右に行う

ブリッジの姿勢で歩くためには、全身の筋肉が連動して動く必要があります。また歩く方向を変えることで、身体を思い通りに巧みに動かす巧緻性も養えます。

スパイダーウォークで柔軟性&筋力アップ

動画はこちら

クモのように四つんばいになり、対角線上の手と足を動かしながら前に進みます。特に股関節や肩甲骨回りの柔軟性の向上や、体側をしならせるような動きが身につきます。このトレーニングを繰り返すことで、バランス力や体幹の強化も図れます。

回数や時間の目安　5～10m×2～3セット

1 四つんばいになったら、右手と左足のように対角線上の手足を前に出す

2 手足を動かす際に背中が浮かないようにする

3 前に出すほうの肘をしっかりと伸ばすこと

4 この動きを繰り返してリズミカルに前に進む

ワンポイント

このトレーニングは様々な効果が得られます。柔軟性の向上のほかにも全身の筋肉トレーニングや、上半身と下半身の連動性を高めることができます。

チューブを使って 内旋と外旋の強化

動画はこちら

脇にタオルをはさんで体軸を真っすぐにした状態で、ゆっくりとチューブを引っ張ります。内旋は肩甲下筋を、外旋は棘下筋と小円筋を鍛えます。このトレーニングでも腕は身体の正面に対して内外それぞれ30度くらいを目安に行います。

回数や時間の目安 左右の内旋と外旋をそれぞれ30回×2～3セット

内旋

1 腕を身体の正面に向ける

2 ゆっくりと肘から先を内側に動かす。 この動きを繰り返す

外旋

1 ペアになって1人にチューブを持ってもらい、腕を身体の正面に向ける

2 ゆっくりと肘から先を外側に開く。 この動きを繰り返す

チューブの強度は色分けされており、多くのメーカーのチューブは緑→青→黄→赤→黒の順に強度が上がります。高校生であれば赤でできるように繰り返してください。

チューブを踏んで斜め上に引っ張る

動画はこちら

この動きもペットボトルを使って行った挙上のトレーニングの高負荷バージョンになります。自分に合ったチューブの強度の目安は、腕が地面と平行になるくらいまで上げられることです。棘上筋を使って行います。肩甲骨を中心に動かすことを意識してください。

回数や時間の目安 左右それぞれ30回×2～3セット

3 腕が地面と平行になるくらいまでゆっくりと引っ張る

1 チューブを手に巻きつけるようにし、 反対側の先端を踏む

4 ゆっくりとスタートのポジションに戻す。 これを繰り返す

2 ゆっくりと斜め上にチューブを引っ張る

筋量が増えてきた際に大切にしてもらいたいことは、トレーニングも投打の動きも、どの筋肉が張るかです。張る部位を意識することで自分の身体をより鮮明に知ることができます。

動画はこちら

ビッグ3の正しい姿勢を覚える

ベンチプレス・スクワット・デッドリフトは、特に大きな筋肉を鍛えることができるためビッグ3と呼ばれます。まずは自重で十分ですので、正しいフォームを覚えることに主眼を置いてください。特に重りを使うようになると、正しいフォームがとても重要です。

回数や時間の目安 左右各10～20回×2～3セット

ベンチプレス

ポイントは①足を腰幅に開き足裏を床につける、②肩幅よりやや広めにバーベルを握る、③肩甲骨を寄せて胸を張り、肘を曲げてバーベルを下ろす、④しっかりと胸まで下ろしたら肘を伸ばして元の姿勢に戻るという4つになる

スクワット

ポイントは①足は肩幅よりも広めに開きつま先を軽く外側へ向ける、②胸を張って軽く腰を反らせ、股関節と膝を曲げる、③太ももが床と平行の位置になるまで下ろしたら元の姿勢に戻るという3つになる。膝をつま先よりも前に出さないようにする

デッドリフト

ポイントは①足は肩幅に開きつま先を正面に向ける、②股関節と膝を曲げ、両手でバーベルを持つ、③胸を張って背筋を伸ばし、身体の前面に沿って持ち上げる、④身体の前面に沿ってバーベルを下ろすという4つになる

2つの足上げで細かい筋群の強化

動画はこちら

先ほどのビッグ3は代表的なトレーニングですが、それだけでは細かい筋肉は鍛えられません。このトレーニングは足を真後ろや斜め後ろに上げることで、ハムストリングや殿筋（主に中殿筋）の細かい筋肉を鍛えることができます。

回数や時間の目安 それぞれ10~15秒×2~3セット

斜め後ろに上げ

1 壁に向かって立ち、 壁に手をつく

2 斜め後ろに向かって足を上げる

真後ろに上げる

1 壁に向かって立ち、 壁に手をつく

2 真後ろに向かって足を上げる

ワンポイント

身体が硬い=可動域が狭い場合には、使えない筋肉が多いために可動域が出ないことがよくあります。使いたい筋肉を意識して使えるようになることで可動域が広がります。

お尻を中心に股関節を大きく回す

動画はこちら

股関節周りやお尻の筋肉を総合的に鍛えることができるトレーニングです。ポイントとなるのは、お尻を使って足のつけ根から大きく回していくことです。またその際に身体の軸を真っすぐに保ち、身体が足につられて左右にぶれないようにします。

回数や時間の目安　左右それぞれ前回しと後ろ回しを10~15回×2~3セット

1 壁に向かって立ち、 両手を壁につく

2 お尻を中心にして足のつけ根から大きく動かす

3 足につられて身体が左右を向かないように身体の軸を真っすぐに保つ

4 左右とも前回しと後ろ回しを行う

股関節の動きにぎこちなさを感じた場合は、日々の練習などで太ももの前側が張っている可能性があります。その場合は46ページのトレーニングで前側を緩めてから行いましょう。

股関節を大きく動かしてハードルまたぎ

動画はこちら

56ページのトレーニングの延長でハードルをまたぎます。これによって股関節の可動域を広くしたり、上半身と下半身を連動させられるようになります。身体が傾かないようにし、両手のバランスが崩れないように行ってください。

回数や時間の目安 左右それぞれ前回しと後ろ回しを10~15回×2~3セット

1 ハードルの横に両手を広げて立つ

2 身体の軸を真っすぐに保ったままお尻から足を回していく

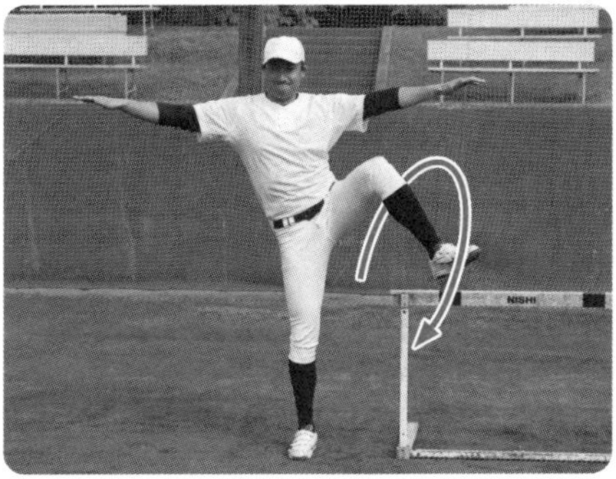

3 大きく回せたら腰の高さくらいまでハードルを上げていく

4 左右とも前回しと後ろ回しを行う

ワンポイント

陸上選手がウォーミングアップに取り入れていることも多いトレーニングです。軸足全体を地面につけることで、お尻の大きな筋肉を使うことができます。

仰向けで背中を浮かせて背部の筋力アップ

動画はこちら

体幹（インナーマッスル）の1つである多《た》裂《れつ》筋《きん》を中心に鍛えることができるトレーニングです。特に腰部の多裂筋は骨盤を安定させるために重要になります。トレーニングとしてだけでなく、腰痛予防や解消としてのストレッチにもなります。

回数や時間の目安　10～15回×2～3セット

1 仰向けに寝転がり両膝を立てる

2 背面の筋肉でゆっくりと背中を持ち上げる

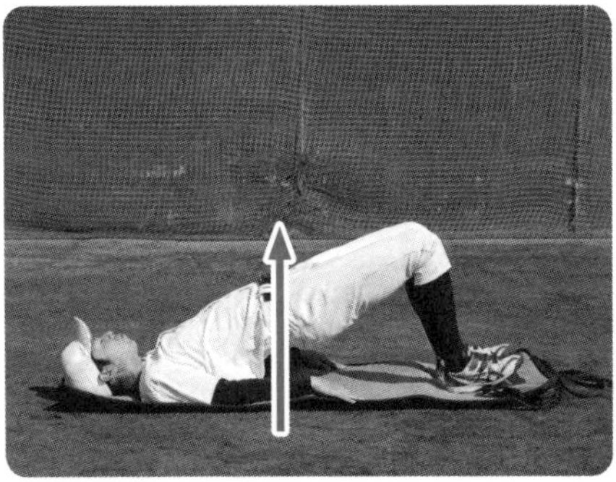

3 背中を浮かせきったところで5秒ほど静止する

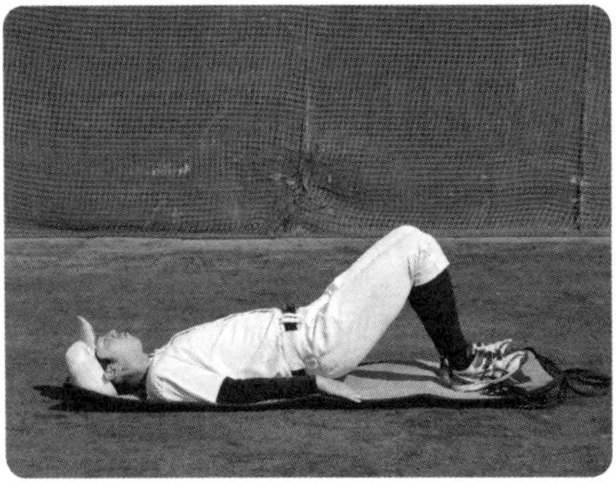

4 この動きを繰り返す

ワンポイント

多裂筋は首から腰にかけて背骨に沿うように存在するインナーマッスルです。背骨や腰や、腹部を安定させてよい姿勢を保ったり、回旋動作で使われます。

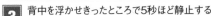

片足を上げて背中を浮かせ背部の筋力アップ

動画はこちら

58ページのトレーニングの別バージョンです。仰向きに寝たら片足を上げて背中を持ち上げ、その状態で5秒キープします。片方の足を上げることで太ももの裏側の細かな筋群を鍛えることができます。

回数や時間の目安　左右10~15回×2~3セット

1　仰向けに寝転って両膝を立てたら片足を伸ばす

2　足を伸ばしたまま背面の筋肉でゆっくりと背中を持ち上げる

3　背中を浮かせきったところで5秒ほど静止する

4　この動きを繰り返す

ワンポイント

背中を高く上げようとすると姿勢が崩れて効果が得られないことがあります。首からつま先までを一直線にした状態をキープできる範囲で背中を持ち上げましょう。

動画はこちら

上半身が浮いた状態で背筋

机の上などに寝転がり、上半身が浮いた状態で背筋をすることで、脊柱起立筋などの筋群が鍛えられます。脊柱起立筋の筋量は球速やスイングスピードにも影響するため、野球選手であれば積極的に鍛えておきたい部位になります。

回数や時間の目安	10回×2～3セット

1 上半身が浮いた状態でうつ伏せに寝転がる

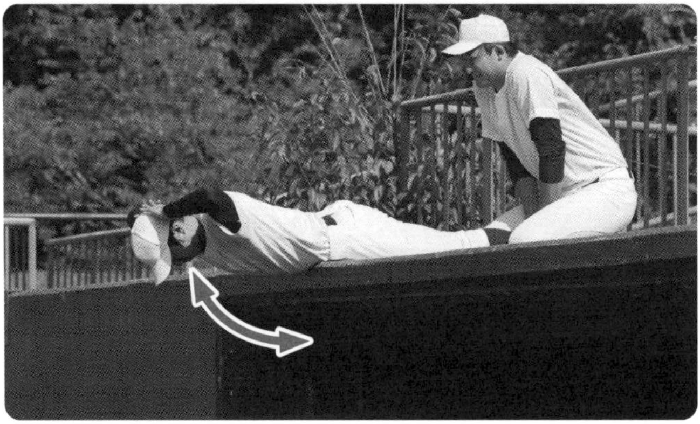

2 地面と水平になるまで上半身を持ち上げて5秒ほど静止する

ワンポイント

腰が反るくらいまで上半身を持ち上げると、腰を痛める原因になります。写真のように地面と水平になる辺りで止め、その姿勢をキープすることでよい効果が得られます。

重たいバーを持って回旋&ツイスト

動画はこちら

バーの重さを利用して大きく上半身を回旋させながら、下半身を逆方向にツイストさせます。胸郭をしっかりと動かすことで、上半身と下半身にいわゆる「割れ」を作ることができます。ピッチングとバッティングの両方で必要となる動きです。

回数や時間の目安　左右5～10回ずつ×2～3セット

1 重たいバーを担いで立つ。 足は肩幅より広めに開く

2 バーの重さを利用して左右に捻っていく

3 下半身を捻る方向と逆にツイストさせる

4 さらに大きく捻っていく。 この動きを繰り返す

ワンポイント

大学生の選手たちも慣れるまでは難しい動きになります。まずは画像と動画を見ながらゆっくりと身体を動かし、動作を理解できたらテンポよく行ってください。

2種のダイヤゴナルで身体を斜めに動かす

動画はこちら

ダイヤゴナルは対角という意味です。野球では送球動作のように、身体を斜めに使う動きが出てきます。そのためフィジカルトレーニングでも、身体を斜めに動かす内容を組み込んでおきましょう。ここでは2つの動きを紹介します。

回数や時間の目安	左右5～10回ずつ×2～3セット

対角への腹筋

1 仰向けに寝転がり、片方の腕を伸ばし、反対の手で手首を持つ

2 伸ばしている腕と反対方向（ここでは左）へ上体を起こして腹筋を行う

対角線上の手足を上げる

1 四つんばいの状態から右手と左足、左手と右足のように対角上の手足を同時に上げていく

2 上げた手と足を地面と平行にする。この動きを左右交互に繰り返す

ワンポイント

できるだけ身体をリズミカルに動かします。身体を対角に動かすことを繰り返すと、捻転動作やツイスト系の動きの質を高めることができます。

動画はこちら

高負荷でビッグ3

54ページで紹介したビッグ3を高負荷で行うことで、大きな筋肉をさらに鍛えることができます。高負荷の場合には必ず補助についてもらい、安全な状態で行ってください。また重い重量を上げること以上に、正しいフォームで行うことを大切にしてください。

回数や時間の目安　10～20回×2～3セット

ベンチプレス

ポイントは①足を腰幅に開き足裏を床につける、②肩幅よりやや広めにバーベルを握る、③肩甲骨を寄せて胸を張り、肘を曲げてバーベルを下ろす、④しっかりと胸まで下ろしたら肘を伸ばして元の姿勢に戻るという4つになる

スクワット

ポイントは①足は肩幅よりも広めに開きつま先を軽く外側へ向ける、②胸を張って軽く腰を反らせ、股関節と膝を曲げる、③太ももが床と平行の位置になるまで下ろしたら元の姿勢に戻るという3つになる

デッドリフト

ポイントは①足は肩幅に開きつま先を正面に向ける、②股関節と膝を曲げ、両手でバーベルを持つ、③胸を張って背筋を伸ばし、身体の前面に沿って持ち上げる、④身体の前面に沿ってバーベルを下ろすという4つになる

ワンポイント

高負荷のトレーニングを行った後は、42ページなどの可動域を広げるトレーニングを行ってください。そうすることで筋力アップをしながら可動域を広げることができます。筋力アップと柔軟性を1セットにすることを習慣化しましょう。

ボックスへのジャンプで股関節の動きを強化

動画はこちら

ボックスジャンプにはいろいろな効果がありますが、私が重視していることは、①股関節をしっかりと使えるようになる、②身体の軸がぶれなくなることです。股関節については、力を発揮することと衝撃を吸収しながら動作を止めるという2つを鍛えることができます。

回数や時間の目安　それぞれ5～10回ずつ×2～3セット

90度横向きになって台に乗る

1 ジャンプをしたら身体を90度横に向けていく

2 90度横向きになってピタっと止まる。この動きを左右繰り返す

台へ真っすぐに乗る

1 股関節で力を発揮して台に向かってジャンプする

2 台の上でピタっと止まる。この動きを繰り返す

ジャンプをするときに大切なことはお腹（腹圧）をしっかりと使うことです。お腹の力が抜けると着地時にお尻が引けてしまいます。お腹を使うことで上半身と下半身が連動できます。

ボックスからのジャンプで股関節の動きを強化

動画はこちら

このトレーニングの目的も64ページと同じです。ボックスから飛び降りる際にも、お腹周りの緊張を緩めないようにしてください。また着地時に身体がぶれないように、ピタっと止まれることが大切です。

回数や時間の目安　それぞれ5～10回ずつ×2～3セット

90度横向きになって着地する

1 台からジャンプをしたら身体を90度横に向けていく

2 90度横向きになってピタっと止まる。 この動きを左右繰り返す

台から真っすぐ降りる

1 お腹周りを緊張させ、 股関節を使って台からジャンプする

2 着地したらピタっと止まる。 この動きを繰り返す

送球動作の最後では、股関節でしっかりと身体を支えることが必要になります。この身体を支える動きをジャンプのトレーニングで強化していきましょう。

ツイストから メディシンボール投げ

動画はこちら

下半身を固定した状態から上半身を左右に回旋させ、大きな力を発揮してメディシンボールを投げるというバリスティックトレーニングになります。ピッチングとバッティングの両方で必要になる動きと筋群を強化します。

回数や時間の目安 左右5～10回ずつ×2～3セット

1 2kg程度のメディシンボールを持って座り、両足を上げる

2 左右に3回ツイストをする（これが1回目）

3 2回目のツイスト。 下半身をできるだけ動かさない

4 3回目のツイスト後にメディシンボールを投げる

リズミカルにツイスト運動をすると、腕だけを動かしてしまう選手がいます。お腹周りを緊張させて上半身全体でツイストし、腕はあまり力を入れないようにしましょう。

動画はこちら

横向きでメディシンボール投げ

特にピッチングで重要になる動きです。ピッチング動作では下半身で発揮させた力を緊張させたお腹周りが上半身に伝え、上半身から腕や指先、そしてボールに伝えていくという連動性が重要です。身体をウェーブのように滑らかに動かすことを覚えます。

回数や時間の目安　左右5～10回ずつ×2～3セット

1　2kg程度のメディシンボールを持って半身で構える

2　後ろ足に体重を乗せながら投球動作に入る

3　頭の後ろ辺りから両手でボールを持つ

4　全身の力をボールに伝えて地面に叩きつけるように投げる

全身の連動性を養うためには、片膝をついてメディシンボールを投げるトレーニングもおすすめです。どちらの動きもお腹が緩まないように緊張させることがポイントです。

サイドステップをして メディシンボール投げ

動画はこちら

これも特にピッチングで重要になる動きです。ピッチング動作では軸足（後ろ足）を伸展させながら身体を前（投球方向）に移動させ、前方向に力を発揮させます。このトレーニングでは、この一連の運動を鍛えることができます。

回数や時間の目安 左右5～10回ずつ×2～3セット

1 2kg程度のメディシンボールを持って半身で構える

2 軸足を伸展させながら3、4回サイドステップを行う

3 軸足を伸展させながら投球モーションに入る

4 全身を連動させてメディシンボールを投げる

ここで重要な動きはサイドステップです。慣れないうちは69、70ページ、そしてパート4で紹介するサイドステップ系のトレーニングを行ったうえで実施してください。

大きなサイドステップから横向き着地

動画はこちら

ピッチングでは、サイドステップの並進運動からバッター方向に力を発揮します。そのため単純な左右のサイドステップではなく、ステップ後にバッター方向を向くような運動を身につけたいものです。

回数や時間の目安　左右5～10回ずつ×2～3セット

3 身体をジャンプした方向に向けながら着地する

1 半身で構える

4 しっかりと股関節で身体を支えてピタっと止まる

2 軸足を伸展させながら大きく横方向にジャンプしながら90度回転する

ワンポイント

無意識でサイドステップをすると、着地のことを考えてしまうため大きく左右に移動できません。ここで大切にしてもらいたいことは、できるだけ大きく左右に飛ぶことです。

メディシンボールを持って大きなサイドステップ

動画はこちら

この動きも送球やピッチングで必要になります。メディシンボールを持って斜め45度くらいの方向に大きくジャンプします。股関節の進展や身体を支える動き、力を発揮していく方向など、ピッチングに必要な多くの要素を養うことができます。

回数や時間の目安 左右5〜10回ずつ×2〜3セット

3 踏み出した足でピタっと止まり、 3〜5秒静止する

1 メディシンボールを持って半身で構える

4 同じように反対方向にもジャンプする。 この動きを繰り返す

2 斜め45度方向に大きくジャンプする

サイドステップがしっかりとできるようになるためには、上下や前後へのジャンプがベースになります。サイドステップが苦手な方は、そのようなジャンプから練習しましょう。

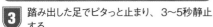

PART 3

二刀流を目指すためのトレーニング
～バッティング～

各カテゴリーのバッティングトレーニング

カテゴリーごとの目的

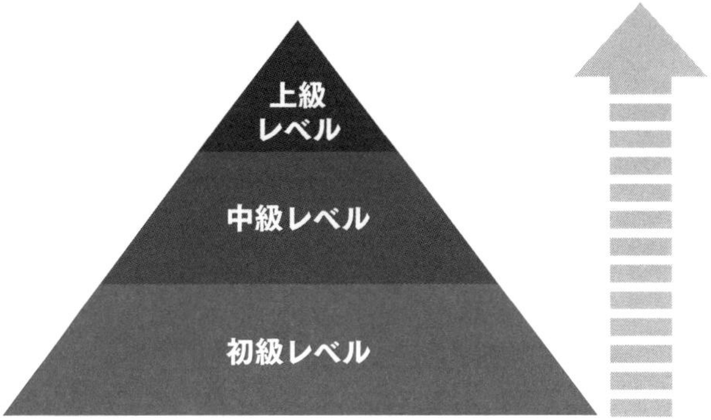

上級レベル

飛距離の増加、いろいろな球種への高度な対応力

中級レベル

ボールをよく見る（選球眼）、速球や変化球への対応力

初級レベル

腰（骨盤）の回旋、スイング時のバランス、バットにボールを当てる

各カテゴリーのトレーニングの主な目的はこのようになる。 カテゴリーが上がっても下のカテゴリーのトレーニングを継続して行う必要がある

初期段階ではバットを自由に操るための土台を作る

バッティングの初級段階で身につけたいスキルは、①腰の回旋、②スイング時のバランス、③バットにボールを当てるという3つです。①腰の回旋ですが、厳密にいうと骨盤の回旋になります。ただし身体が小さく筋力が少ない小学生にとっては、バットが重たくなります。その結果として、繊細な腰の回旋動作はこの段階では難しい反面、腰を回す動作ができればスイング時に上半身の動きが遅れるため結果として自然な捻転の動作ができます。そのためにポイントとなるのが②スイング時のバランスです。

バッティングでは、体重を前に移動しながら腰を回旋していきます。体重を移動する際には片足でバランスを取る必要があるため、この部分を強化していきたい段階になります。具体的にはシーソーやトランポリンなどの上に立ち、不安定な状態で身体を安定させて腰を回旋するような練習です。不安定な状態で身体を安定させ、最適な位置でバランスを崩さずに腰を回旋させること。この段階では一番練習してもらいたい要素になります。それから③バットにボールを当てるですが、そのためにはボールの軌道に対してバットの軌道を入れていくことが重要です。そのためにはボールを捉えるゾーンを長くする練習も必要になります。

より高度なピッチングに対応するためのスキル強化

中級レベルになると、①ボールをよく見る、②速球や変化球への対応が求められます。まずは①ボールをよく見るですが、人間の目の構造上ボールを滑らかな動画のように見ることはできません。動画のように見える印象を持ちますが、実際にはコマ送りの画像のように認識しており、コマとコマの間は予測によってつなげています。それが結果として、ずっとボールを見ているような感覚になります。そのためピッチャーがボールを離したところから、バットに当たる位置までの軌道を予測できるようになることが大切です。

②速球や変化球への対応ですが、中学生になると変化球が出てきます。また中学生から高校生では身体が一気に成長するため、投じる球速が上がります。バッターとしてこれに対応するためには、先ほどの軌道を予測できることに加え、コンパクトなスイングができることが求められます。そこで強化したい動きは、「引き手の使い方」と「身体の前側を大きくする」2つになります。引き手はバットコントロールをする役割がありますが、バックスイングから無駄なくバットを出すためにも重要になります。そして身体の前側を大きくすることですが、身体の前側はバットが走る局面になります。この局面が大きくなることでコンパクトかつインパクト時にパワーを発揮できるスイングになります。付け加えると、引き手の手首を返さずにインパクトすることと、腕がしっかりと伸びた位置でインパクトすること。①や②の動きを身につけることで、この2つの動きができるようにしていきます。上級レベルでは総合力が必要で、大きく分けると「飛距離の増加」、「いろいろな球種への高度な対応力」になります。飛距離を出すためには、ボールに対するバットの角度がポイントです。またいろいろな球種への対応では、片手でインパクトしたり、ボールを引きつけて打つなど、様々なタイミングや体勢で打てるように動きを習得していきます。

ボールをしっかりと見ることと流し打ちの長打を打つ理論

ピッチャーの腕を中心に見ることで狙いを先取りする

まずは「バッティングアイ」について述べていきます。バッティングアイとはボールを見極めるバッターの目（視野）のことで、選球眼と同意語です。上の写真で色がついた部分は、熟練者と非熟練者がピッチングのフェーズごとに、ピッチャーのどの部分を見ているのかを分析した結果です。熟練者の場合、フェーズ1から3の前半ではピッチャーの肩や胸部を中心に視線を置いています。そしてフェーズ3の後半から4にかけては投球動作を予測し、腕を振るであろう位置に視線を固定し、肘を中心に肘や手首の動きを見ています。そうすることで投球動作から効率よく情報を収集することがわかったのです。対して非熟練者は身体全体を見ており、投球にあまり着目して

図1 各フェーズでの熟練者と非熟練者の見ているポイント

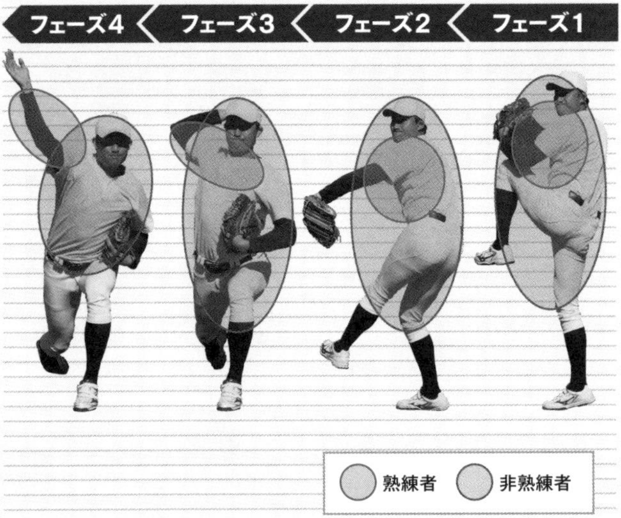

熟練者は肘を中心とした腕に視線を置き、その動きから投球を予測している。一方で非熟練者は体幹を中心に全体を見てしまうため、投じられるボールの予測が難しくなる

参考文献：竹内高行，猪俣公宏(2012)，野球の打撃時における視覚探索方略，スポーツ心理学研究 2012年 第39巻 第1号47-59、加藤貴昭，福田忠彦(2002)，野球の打撃準備時間相における打者の資格探索ストラテジー，人間工学 Vol.38,No.6

図2 ヒットを狙う際のヒッティングポイント

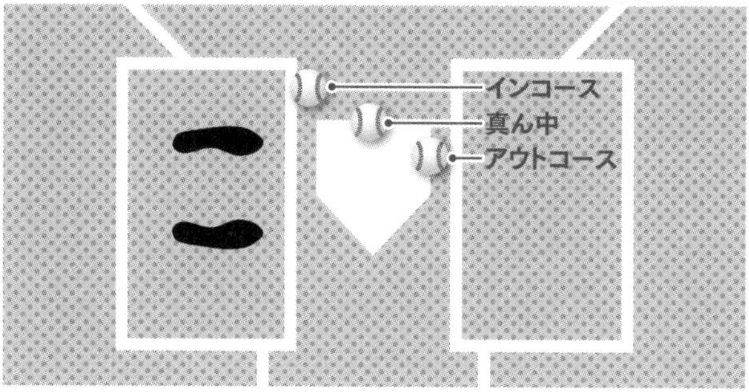

セオリーとなっているヒッティングポイント。ヒットを狙う場合にはこの通りだが、アウトコースの長打を狙う場合にはこのポイントとは異なることが近年の研究でわかってきた

図3 引っ張りと流し打ちのスイング軌道

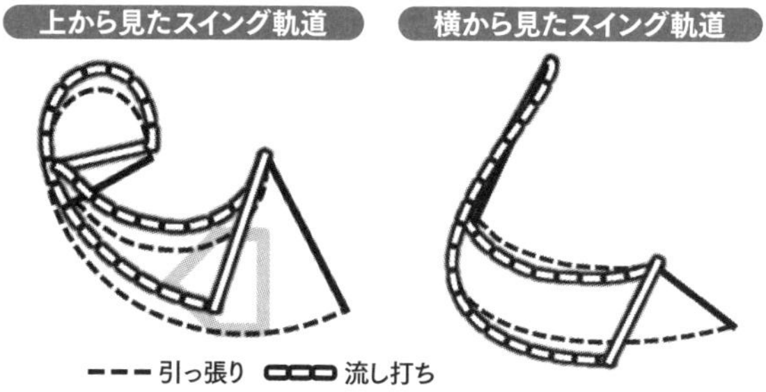

スイング軌道を俯瞰と横からの視点で表している。流し打ちはダウンスイングになる

参考文献：森下義隆，矢内利政(2018)，バットスイング軌道からみた左右方向への打球の打ち分け技術，体育学研究

いません。

結論として、バッティングアイでは投球そのものというよりも投球を生み出す腕に着目し、相手バッテリーの狙いを先取りすることが重要といえます。

アウトコースの長打を狙ううえでの問題点

ヒッティングポイントについて指導されることは、「内角はベースの前」「真ん中はベース上」「外角はベースの後ろ側」（図2）です。ヒットを打つことを考えた場合には、この考え方は間違っていません。ところが逆方向に長打やホームランを打つとなると、異なったヒッティングポイントになります。ここからはこの点について述べていきます。

まずは前提となる2つの論文を紹介します。1つ目は「引っ張り」と「流し打ち」のスイング軌道から打ち分け

図4 インパクト時にバットの傾斜が打球の回転に与える影響

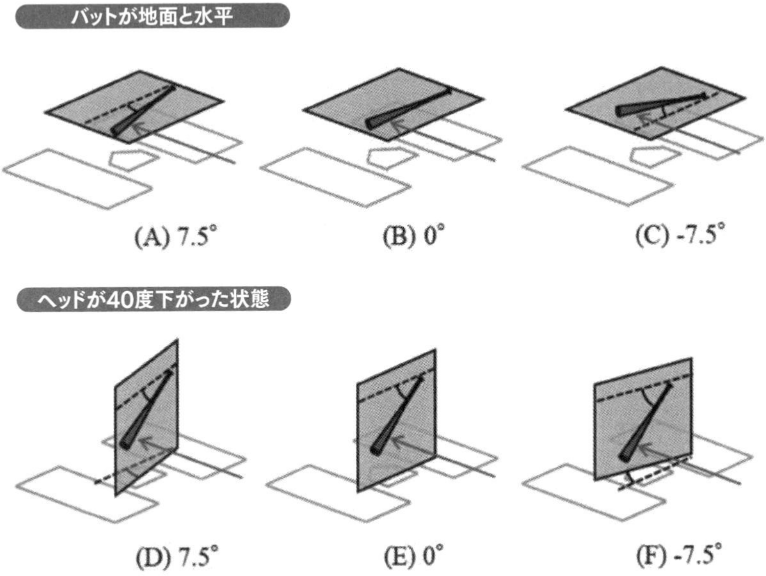

ヘッドが下がった状態では打球にサイドスピンがかかり、フェアゾーンに飛びにくいことが示されている。これがアウトコースの長打の難しさの大きな要因となる

参考文献：森下義隆，矢内利政，バットスイング軌道からみた左右方向への打球の打ち分け技術，体育学研究63：237-250、中島大貴，森下義隆(2020)，野球の打撃におけるインパクト時のバットの上下方向の傾斜が打球の回転に及ぼす影響，バイオメカニクス研究 24:9-18

技術を計測した内容です。75ページの図3は引っ張りと流し打ちのスイング軌道を俯瞰と横からの視点で表しています。引っ張りはアッパースイング、流し打ちはダウンスイングでインパクトを迎えていること記されています。そして結論として、身体から離れていくアウトコースのバッティングでは、スイングの速度が生まれにくいことが示されました。

2つ目は、インパクト時にバットの傾斜が打球の回転に与える影響を研究したものです。図4のようにバットを水平にした状態とヘッドをグリップよりも40度下げた状態、さらにそれぞれ投球に対して垂直な状態と7・5度ずつ回転させた状態で計測しています。そして結論としてヘッドが下がった状態では、打球にサイドスピンがかかることが示されています。つまり打球がスライスしたり、ドライブすることで、フェアゾーンに飛びにくいといえます。

この2つをまとめると、アウトコースの長打を狙ってスイング速度を高めようとすると、バットのヘッドが下がるためサイドスピンがかかりやすいといえます。その前提で、アウトコースへのボールを長打やホームランにすることを述べたいと思います。

アウトコースを長打にするためにはインパクトを前に

バッティングにおいてもっとも難しい要素の1つが、フェアゾーンの90度の中に打球を飛ばさなければ有効打にならないことです。ところが流し打ちの強打はスイング速度を上げるためにヘッドが下がった状態で遠心力を生み出すため、有効打にするタイミングが非常に難しくなります。

右の図は右バッターがライト方向に長打を打つ際の入射角と反射角を示したものです。この研究では、インパクトでのタイミングが0・018秒に収まっていなければ長打かつ有効打にはならないとされています。大きな遠心力を生み出しながらこのタイミングでインパクトすることはとても高等な技術です。この技術が突出しているのが大谷選手で、他の選手にはなかなか真似ができる打ち方ではありません。ただしこの理屈を知っておくことで、意図して練習できることは間違いありません。

アウトコースの長打を打つためには

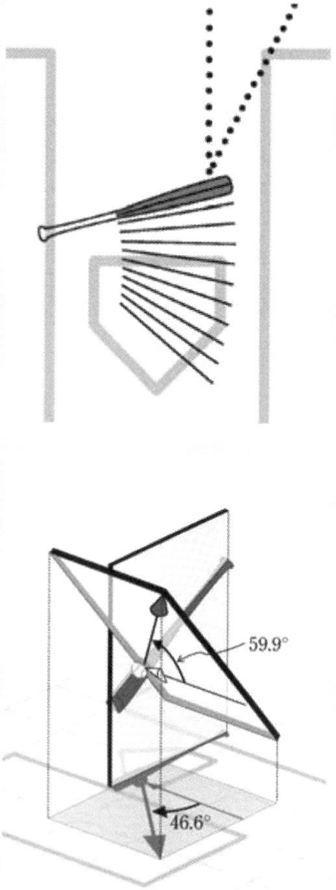

上の図はバットとボールの入射角と反射角を表しており、インパクト位置がヒットを狙う場合よりもピッチャー側になっていることがわかる。また下の図からはヘッドが下がった状態でボールの下側をインパクトし、フェアゾーンに飛ばす際のスイング軌道を表している

参考文献：城所収二,矢内利政(2015),野球における『流し打ち』を可能にするもう一つのインパクトメカニズム,体育学研究60:103-115

バットを腰に当てて回旋動作を習得

動画はこちら

バットを腰に当ててスイングの動きをすることで、腰（骨盤）の回旋動作を覚えます。腰の回旋はバットを振る動きでもっとも重要な動きの1つです。この段階はまだバットが重く感じる年代ですが、腰の回旋という動きを理解し、実践できるようになりましょう。

回数や時間の目安　左右それぞれ10～20回×2～3セット

1 腰にバットや棒を当てて立つ

2 後ろ足に体重を乗せながら後ろ側に腰を捻る

3 前足に体重を移動しながら前側に腰を捻る

4 腰を捻りきる。 この動きを繰り返す

ワンポイント

この段階では胸郭を動かすことも覚えたいことの1つです。腰の回旋に慣れてきたら、胸郭を回旋させることで、上半身と下半身のずれを作ることも意識してみましょう。

体重を移動しながら腰を回旋

動画はこちら

腰（骨盤）の回旋動作の感覚をつかんだら、後ろ足から前足に体重を移動する動きを加えます。球威に負けないパワーを生み出すためには、体重移動と腰や胸郭の回旋が必要不可欠です。体重移動と回旋動作をタイミングよく連動できるようになりましょう。

回数や時間の目安　左右それぞれ10～20回×2～3セット

1 腰にバットや棒を当てて立つ

2 後ろ足に体重を乗せながら後ろ側に腰を捻る

3 大きく前足に体重を移動しながら前側に腰を捻る

4 前足に体重を乗せて腰を捻りきる。 この動きを繰り返す

腰（骨盤）の回旋はどのレベルでも重要です。徐々にただ腰を回旋させるだけでなく、両足の内転筋を使って軸足の内側から踏み出し足の内側への体重移動を使いましょう。

大きな体重移動をしながら腰を回旋

動画はこちら

バランスのよいスイングを習得するためには、片足で立つ動きが最適です。そのために普段のスイングよりも大きく体重を移動させます。体重を移動しながらスイングをしますが、この時にバランスが崩れないように身体の中心（軸）を真っすぐに保つことを意識します。

回数や時間の目安　左右それぞれ10～20回×2～3セット

1 身体の軸を真っすぐにして構える

2 前足を上げて後ろ足に完全に体重を乗せてバックスイング

3 大きく前足に体重を移動しながらスイングする

4 スイングの最後には完全に前足一本で立つ

両足の下にバランスディスクを置いたり、トランポリンの上でこの動きをすることで、さらにバランスの強化ができます。時々そのような練習も取り入れましょう。

身体の軸を保ったまま腰を回旋させる

動画はこちら

身体の軸を保ったままスイングをし、軸が崩れていないかを確認したり、軸への意識を高める練習です。軸を保つためには両足の内転筋を働かせることがポイントです。スイング開始時から終了時まで内転筋を緩めないように行ってください。

回数や時間の目安　左右それぞれ10～20回×2～3セット

1 両足の内転筋を適度に緊張させて軸を保つ

2 軸を真っすぐに保ちながらスイングをする

3 頭の真上でバットを横にして持つ。 身体の軸は崩さない

4 スクワットの要領で身体を下に下げる。 この動きを繰り返す

ワンポイント

前足のつま先が前（ピッチャー方向）を向いてしまうと内転筋がうまく働きません。つま先が返らないようにステップをすることで内転筋が働き、軸が保ちやすくなります。

動画はこちら

机を使ってバットの軌道を作る

このトレーニングでは、投球の軌道に対してバットの軌道を合わせると同時に、ボールを捉えるゾーンを長くすることが目的です。スタンドティーを使うことで、真ん中だけでなく内角や外角に対してのバットの軌道も作ることができます。

回数や時間の目安	左右それぞれ10~20回×2~3セット

真ん中へのバットの軌道

1 机の上にボールを置いてスイングをはじめる。 スタンドティーを使用してもよい

2 机に合わせるようにスイングをする

3 バットが机の上を走るようにスイングする

4 インパクトをする。 この動きを繰り返す

バットを机上で走らせてインパクトするまでが「ボールを捉えるゾーン」になります。この練習で感覚をつかんだら、続けてトスやティーを使って同じ感覚で打てるようにしましょう。

外角へのバットの軌道

1 机を斜めにし、スタンドティーにボールを置いてスイングをはじめる

2 机に合わせるようにスイングをする

3 バットが机の上を走るようにスイングする

4 インパクトをする。この動きを繰り返す

セッティングの仕方

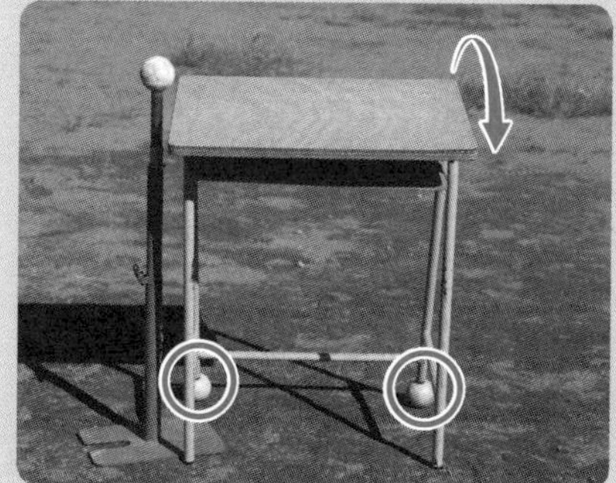

いろいろなコースの軌道。スタンドティーを置く位置でコースを変えられる

真っすぐの軌道。机の一番前にボールを乗せる

ボールに紐を通して軌道を見極める

動画はこちら

打席に立ってボールの軌道を見極める練習です。ボールに紐を通すことでゆっくりとした球速になるため、余裕をもってボールの軌道を見ることができます。この練習でボールを見られるようになったら、実際にピッチャーが投げたボールを見るようにすると効果的です。

回数や時間の目安　10球程度×2～3セット

1 ボールに穴をあけてキャッチャーまで紐を張る

2 マウンドから投げてもらう

3 ゆっくりと投じられたボールの軌道を見る

4 何度か繰り返したらピッチャーが投じたボールでも行う

ワンポイント

テニスボールに穴をあけて塩ビ管を入れて道具を自作します。

変化球や速球の軌道に慣れる

動画はこちら

変化球を打つコツはこの後に紹介しますが、そもそも変化球の軌道がイメージできなければなかなか打つことはできません。まずは初歩的なカーブとスライダー、できればチェンジアップという3つの球種とボールの軌道がイメージできるようになりましょう。

回数や時間の目安　左右それぞれ10～15球×2～3セット

1 ピッチャーに変化球を投げてもらう

2 打席に立ってボールの軌道をじっくりと見る

3 ただ見るだけでなくインパクトできるタイミングを計る

4 ボールを見極めた後、トスなどで変化球を打つ練習に入る

中学生であればここで挙げた球種で十分でしょう。高校生であればチームのそれぞれのピッチャーの得意球など、より変化の鋭い軌道を見極められるようになりましょう。

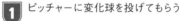

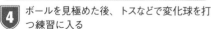

歩きながらのスイングで動きを洗練させる

動画はこちら

歩きながらスイングをすることによって、スムーズな体重移動や身体の軸の作り方が身につきます。また腰や胸郭の回旋の強化にもつながります。初級レベルの練習の目的がすべて含まれていますので、ウォーミングアップや打撃練習前に取り入れてください。

回数や時間の目安　左右それぞれ5回程度×2～3セット

1 バットを持って2、3歩歩く

2 途中でバットを構えてさらに1歩歩いてからスイングに入る

3 体重移動や回旋動作、身体の軸を意識する

4 この動きを繰り返す。反対方向も行う

スムーズな体重移動ができることによって、素早い腰や胸郭の回旋ができるようになります。特に胸郭の回旋はスイングスピードに大きく影響するため繰り返し練習してください。

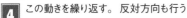

バットを短く持って左右にスイング

動画はこちら

バットを短く持ってスイングをすることで、捻転の動作を洗練させます。バットコントロールやバックスイングから無駄なくバットを出すために必要な引き手の使い方を強化します。捻転と引き手を強化することで、身体の前側を大きく使えるようになります。

回数や時間の目安 10～15回程度×2～3セット

1 バットを短く持つ

2 捻転と引き手を使うことを意識してコンパクトなスイングをする

3 一定のリズムでこの動きを繰り返す

4 反対方向も同じように行う

ワンポイント

中級レベルではピッチャーのレベルが高くなるため、より速い真っすぐや変化球に対応する必要があります。そのために必要なことが身体の前側を大きく使うことになります。

コンパクトなバックスイングからダウンスイング

動画はこちら

速球に対応するためにコンパクトなバットの出し方を覚えます。最低限のバックスイングからダウンスイングをすることで、スイングの初速を早くし、速球を捉える時間を長くすることが目的です。90ページから紹介するトスバッティングでもこの打ち方を取り入れます。

回数や時間の目安 左右それぞれ10回程度×2～3セット

1 コンパクトなバックスイングを行う

2 身体の捻転を使ってスイングに入る

3 身体の前側でスイングする時間を長くし、ボールを捉える時間を増やす

4 この動きを繰り返す

バックスイングが大きくなるとパワーを発揮できる反面、ボールを捉えられる時間が短くなります。ボールを身体の前で捉えるという意識を持って練習してください。

手首を返さずに片手でスイングを終える

動画はこちら

この練習も身体の前側を大きく使えるようになることが目的です。両手を離してバットを持ち、引き手を中心にスイングします。ポイントは引き手の手首を返さないことで、そうすることによってスイングスピードが上がり、ボールに対して強い力を伝えられます。

回数や時間の目安　左右それぞれ10回程度×2～3セット

1 両手の間を離してバットを持つ

2 引き手を中心にスイングをはじめる

3 引き手の手首が返らないようにバットを走らせる

4 この動きを繰り返す

ワンポイント

引き手の手首を返さずに腕が伸びた位置でインパクトすることで、ボールに大きな力を加えることができます。手首を返さないようにすることでスイングスピードを上げましょう。

いろいろなトスバッティングで打撃力強化

動画はこちら

ここではトスバッティングによってスイングの質を高めることが目的です。いろいろな高さや方向からのトスを打つことで、速球や変化球への対応力を磨くことができます。これまで練習してきた身体の前側でボールを捉えることを意識して、練習を行ってください。

回数や時間の目安	左右それぞれ10～15球×2～3セット

手前へのトスを打つ

変化球への対応力を高めることが目的。より前（ピッチャー側）でボールを捉える。両足を広めにして構え、後ろ足から前足に体重が移動するようにして打つ

手を逆にしてバットを持つ

この練習は引き手の使い方を覚えることが目的となる。89ページのスイングのように引き手の手首を返さずにインパクトする

高めのトスを打つ

顔の高さを目安にトスを上げてもらう。 そのボールに対してヘッドを立てて構え、 打ちにいく。 そうすることでバットのヘッドが下がらないスイングの軌道が身につく

地面に置いたボールを打つ

この練習はバックスイングを小さくし、 バットをコンパクトに出すことが目的。 前足のつま先辺りにボールを置き、 できるだけコンパクトなスイングでボールを打つ

真後ろからのトスを打つ

このトスでは、 身体を開かずにインパクトすることが目的。 十分にボールを引きつけることで、 ドアスイングを矯正することができる。 ミートポイントが一定になる効果も得られる

背中側からのトスを打つ

この練習も身体を開かずにボールを引きつけて打つことが目的であり、 広角に打てるようになる。 トスはアウトコース側に上げる

後ろ足に体重を乗せたまま スイング

動画はこちら

打球に飛距離を出すためには、バットとボールが当たる際の角度が重要になります。この練習では後ろ足に体重を残したままスイングをすることで、インパクト時に打球角度が出せるようなスイングの軌道を身につけます。

回数や時間の目安　左右それぞれ10回程度×2～3セット

1 後ろ足（軸足）だけで立って構える

2 前足を引き寄せながらスイングに入る

3 身体の軸が崩れないようにしながらスイングをする

4 最後まで軸足だけで立つ。 この動きを繰り返す

ワンポイント

大谷選手の打ち方のように、飛距離を出すためにはバットとボールが当たる角度が重要です。この練習で軸足に体重を乗せる動きを覚え、実際のバッティングに取り入れてください。

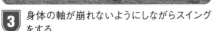

傾斜板に後ろ足を乗せてスイング

動画はこちら

この練習も後ろ足に体重を残したままのスイングができるようになることが目的です。テンポよく行うのではなく、一度片足で3秒ほど立ってからスイングに移れると理想的です。ある程度スイングができるようになったら、傾斜板を使ってトスバッティングをやってみましょう。

回数や時間の目安　左右それぞれ10回程度×2～3セット

1 傾斜板に後ろ足を乗せて構える

2 後ろ足に体重を残したまま前足に体重を移動しスイングに入る

3 バランスを保ったままスイングを行う

4 この動きを繰り返す

ワンポイント

バランスに難がある場合にはバランスディスクやトランポリンなど不安定な物の上に立ち、スイングをしてみましょう。バランスを崩さないスイングの感覚が養えます。

動画はこちら

傾斜板に前足を乗せてスイング

前足を傾斜板に乗せることで、強制的に後ろ足に体重が乗りやすい状態を作ります。また、後ろの股関節周辺を軸とした回転から重心を移動し、前足の股関節周辺を軸とした回転へと移るスイングを強化することができます。

回数や時間の目安　左右それぞれ10回程度×2～3セット

1 傾斜板に前足を乗せて構える

2 後ろ足に体重を残したまま前足に体重を移動しスイングに入る

3 バランスを保ったままスイングを行う

4 この動きを繰り返す

前足に体重を移動させてスイングしたら、片足で3秒程度立つようにしましょう。その際にはバランスをしっかりと保ち、身体の軸を崩さないことがポイントになります。

左右にスイングして胸郭の回旋強化

動画はこちら

ボールを遠くへ飛ばすためにはスイング速度が重要となり、スイング速度を上げるためには胸郭の回旋が必要になります。胸郭や体幹の回旋が鋭くなることで、より強いパワーを発揮できるスイングをすることができるようになります。

回数や時間の目安　左右それぞれ10回程度×2～3セット

1 バットを持って立つ

2 胸郭を鋭く回旋させることを意識してスイングする

3 フォロースルーを迎えたらすぐに反対側に向かってスイングをはじめる

4 一定のリズムを保ちながらこの動きを繰り返す

スイング速度を上げるためには、スイングと逆方向へひねる力が大きいことと、後ろ足の内転動作が大きいことが必要になります。

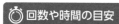

取っ手つきのメディシンボールをスロー

動画はこちら

これまで練習した引き手の使い方や胸郭の回旋、バランスを保った状態でのスイングや体重移動を使い、引き手でメディシンボールを投げます。よい動きを連動して行うことで、引き手を使ってボールを遠くに飛ばすスイングを身につけます。

回数や時間の目安	左右それぞれ10回程度×2～3セット

1 取っ手つきのメディシンボールを持つ

2 胸郭の回旋や後ろ足に体重を乗せる動きでスロー体勢に入る

3 引き手の手首を返さずに押し込むようにスローをする

4 この動きを繰り返す

ワンポイント

メディシンボールを投げることで全身を連動させ、引き手の使い方を洗練させます。この練習をしたらすぐにトスバッティングをし、よい感覚を身につけましょう。

連続ティーで回旋の軸を強化

動画はこちら

メトロノームを使って2、3秒に1回スイングをするテンポで行います。全身を連動させて素早くスイングをすることで、身体を回旋させる軸を作ることができます。安定した軸を作りながら、身体を回旋させることでバットを回旋させていきます。

回数や時間の目安 左右それぞれ10～15球×2～3セット

1 メトロノームなどでテンポを計りながら行う

2 安定した軸で身体を回旋させて打ち抜く

3 素早さよりも全身でのスイングを心がける

4 この動きを繰り返す

ワンポイント

連続ティーにはいろいろな目的があります。この練習は軸の回転をしっかりと使ったスイングをすることですので、素早さを優先することで手打ちにならないようにしてください。

片手で打つトスバッティングで払いの強化

動画はこちら

ここからは変化球やスローボールに対応するための練習を紹介します。まずは片手でトスバッティングをすることで、十分にボールを引きつけてからスイングをする感覚を身につけます。膝がついてもよいので、片手でボールを払うように打ちましょう。

回数や時間の目安　左右それぞれ10～15球×2～3セット

1 片手でバットを持ち、 反対側の手はベルトをつかむ

2 ボールを十分に引きつけてからスイング動作に入る

3 手首を返さないようにインパクトする

4 続けて反対側の手にバットを持ち替えて行う

トスを上げる位置ですが、前足よりも前側(ピッチャー側)にボールが落ちるようにします。そのコースへのボールを片手で払うことで、変化球や軟投に対応することができます。

動画はこちら

前からのトスを引きつけて打つ

これも十分にボールを引きつけてから片手で払うように打つ動きを身につける練習です。軟投のピッチャーや球速の遅い変化球に対して引きつけることができなければ、打ち崩すことができません。いろいろな投球に対応するためには、引きつけて打つことも大切です。

回数や時間の目安　左右それぞれ10～15球×2～3セット

1 正面側から山なりのトスを上げてもらう

2 ボールを十分に引きつけてからスイング動作に入る

3 手首を返さないようにインパクトする

4 この動きを繰り返す

正面からのトスバッティングでは、必ず投げ手がネットで隠れるようにしてください。練習前にバッターが、自分から見て完全に投げ手がネットに隠れていることを確認しましょう。

正前からのボールを横方向に打つ

動画はこちら

これはツーストライクアプローチという戦術で、2ストライクに追い込まれたら難しいボールはファウルで逃れ、甘いボールを打ちます。意図的にファウルになるような横への打球を打つことで、必然的にボールを手元まで引きつける動きが覚えられます。

回数や時間の目安 左右それぞれ10〜15球×2〜3セット

1 正面にボールを投げてもらう。トスを上げたら横へ移動する

2 打球が横方向に飛ぶまで引きつけて打つ。この動きを繰り返す

ワンポイント

十分にボールを引きつけることで、長い時間ボールを見ることができます。ただしスイング速度が遅ければボールを飛ばすことができないため、強く振ることも心がけましょう。

置きティーで逆方向に打つ

動画はこちら

このパートの冒頭でも紹介しましたが、逆方向への長打を打つ場合には、ヒッティングポイントを前側にします。この練習では身体の真横かつ外角の位置にティーを置くことで、前側のヒッティングポイントで逆方向へ強打を打つ感覚を養います。

回数や時間の目安　左右それぞれ10～15球×2～3セット

3 身体の軸の回転を十分に使って強いスイングをする

1 身体の横かつ外角に置きティーをセットする

4 逆方向に強打を放つ。 この動きを繰り返す

2 ボールを引きつけるようにしてスイング動作に入る

カテゴリーが上がるとピッチャーのレベルが上がり、よい配球をされるケースも増えていきます。そのなかで対応力を発揮するためには、様々な投球を想定した練習が必要です。

動画はこちら

長打を狙ったバッティング練習

これまでに紹介した「飛距離を出す」ことと「いろいろな球種に対応する」ことが目的の実戦練習です。いろいろなコースや球種を投げてもらい、打ち返します。またバスターから強振することで、タイミングの取り方やミート力を向上させることができます。

回数や時間の目安　左右それぞれ10～15球×2～3セット

バスターから強振

1 打席に入ったらバントの構えをする

2 タイミングを取ってスイング動作に入り強振する

いろいろなボールを強打

1 様々な球種を投げてもらう

2 投じられたボールに対応して打つ

ワンポイント

バスターを取り入れることでタイミングの修正や、うまくバットが出てこない場合の矯正ができます。常に強振するだけでなく、時々バスターをすることで調整してみましょう。

PART 4

二刀流を目指すためのトレーニング
～ピッチング～

各カテゴリーのピッチングトレーニング

カテゴリーごとの目的

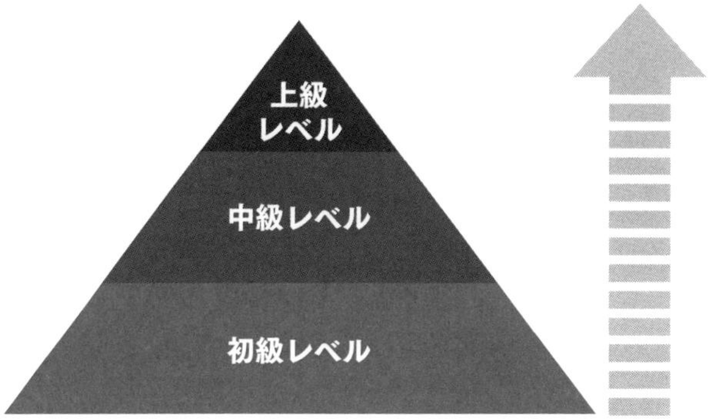

上級レベル

可動域の向上と筋力アップ、球質の向上と修正、変化球の開発

中級レベル

無意識に肘を上げて投げられるフォーム、インナーマッスルの強化、全身を連動して投げる

初級レベル

肩関節の柔軟性と安定性、片足でしっかりと立つ（ポジション）、指先でボールを弾く感覚

各カテゴリーのトレーニングの主な目的はこのようになる。カテゴリーが上がっても下のカテゴリーのトレーニングを継続して行う必要がある

肩関節の安定性と片足で立つ動きを覚える

まず**大切な要素は、肩関節の安定性や柔軟性で、肘の動きに直結します。**そのためにはチューブなどの器具を使った難易度の高い練習ではなく、逆立ちやブリッジなど、自重を使ったトレーニングで肩回りの強化を行います。またピッチングで重要な動きである**「片足で立つ」こと。この動きはピッチングのすべてと言っても過言ではありません。**片足で立つためには姿勢（ポジション）が重要で、特に骨盤がしっかりと起きている必要があります。そして地面に対して軸足で圧を加えていきます。おへその下辺りの丹田《たんでん》が地面に対して真っすぐになっているかがポイントになります。小学生の頃は骨盤が後傾しやすいため、指導者の方々は練習時にチェックしてください。それ

から指先でボールを弾く感覚を養うこと。この動きはカテゴリーが上がるごとに習得が難しくなりますし、指先でボールを弾く感覚はコントロールの精度や後々球速が上がった際の投球に影響します。

下半身と上半身が連動した投げ方を習得する

中級レベルでは、**肘を上げて投げる動きを覚えることが重要**です。はじめは意識して肘を上げますが、できるだけ無意識で自然に上げられることを目標にします。さらに足を上げてから肘を上げるといった上半身と下半身の連動性やリズム、間を習得することも大切です。そのためのポイントですが、体重移動をしていく際に踏み出した足が開きます。さらにそれと同時に捻った状態から戻していくような回転が入ります（ヒップファースト）。この動きができると「間」ができます。その一方で中学生の頃は下半身よりも上半身の発達が早いため、勢いをつけるために腕を主体にした投球になりがちです。この点を修正せずに投球を続けるとへんなクセがついてしまい、肘が上がらない投げ方になってしまいます。そうならないためには、ボールを投げるほうの手を前に置いておき、軽く脇が開いたポジションを取ります。そして踏み出し足を着くと肘が上がった状態ができます。こうした動きを作るための**下半身のトレーニング**をしっかりと行ってください。さらに**インナーマッスルを鍛える**ことと、**下半身から動き出して全身のしなりを使って投げる**こと、**お腹の力を抜かずに投げること**。これらもこの段階で身につけたいことです。

実践的な投球の質を高める

上級レベルでは、**球速アップにつながる可動域の向上と筋力アップが求められます**。そのためにはメディシンボールなど重りを使った練習がおすすめです。それから最終的には、横方向に大きくジャンプする能力を段階的に鍛えていきます。また自分の球質を知ることも必要です。球質とは、投げるボールの回転数や回転軸、シュート成分やスライド成分を知ることで、センサーが内蔵されたボールを用いれば計測ができます。こうした数値を目安にしながら速球の質を上げたり、変化球を開発したりします。またスマートフォンで後ろから動画を撮ることで、腕の動きや回転を見ることができます。**初級段階で覚えた動きの質を上げることが、このレベルで求めていきたい要素**になります。

投球フォームのレベルアップとトレーニングの注意点

4つの部位が一直線になる姿勢が理想

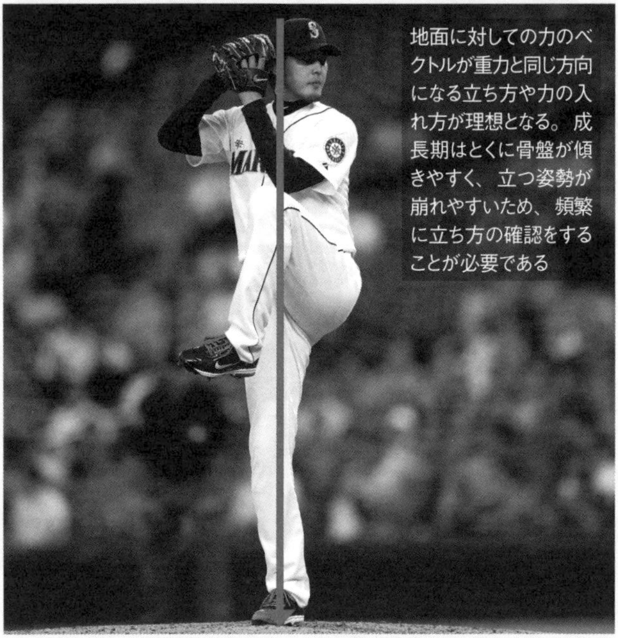

地面に対しての力のベクトルが重力と同じ方向になる立ち方や力の入れ方が理想となる。成長期はとくに骨盤が傾きやすく、立つ姿勢が崩れやすいため、頻繁に立ち方の確認をすることが必要である

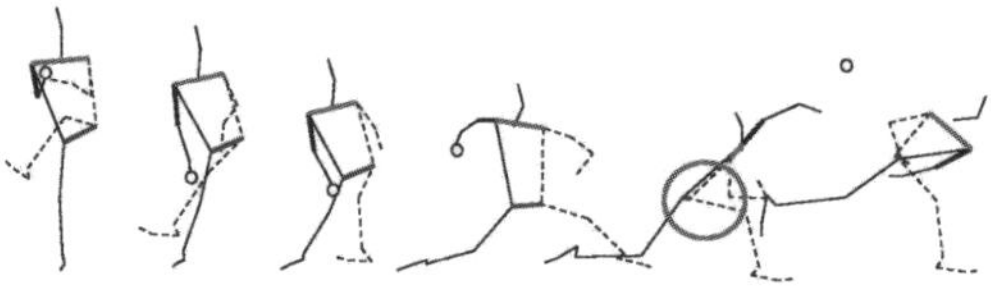

片足での立ち方がピッチングの質を決める

先ほど述べたように、片足で地面(重力の方向)に対して真っすぐに立てることが、ピッチングの質を決める大きなポイントです。理想的な立ち方は、足の付け根の出っ張った部分大転子《だいてんし》から、膝と肩、耳の中心が一直線になった姿勢です。また正面から見たときに左右の肩が水平であることも重要になり、この姿勢で立つことで地面を強く押すことができます。そしてその状態から身体をバッター側に傾けていくことで、速いボールが投げられます。この時に難しいのが「押す」感覚になります。筋力を使って膝を曲げ伸ばしする動きではなく、身体の軸や骨格、体重によって身体を支え、前後左右から押されても抵抗できる立ち方が理想的な姿勢になります。

リリース時のボール初速の変化

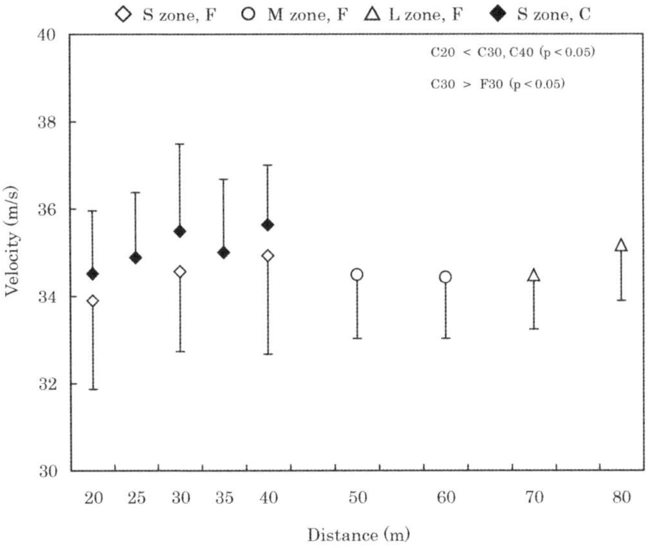

20～40mの遠投では、水平方向のボール初速度の発揮が強調されることから、球速アップのトレーニングとして効果が得られることがわかる。ただしその際に「投射角を可能な限り抑える」といった指示が必要になる。一方で50～60mでは初速度は抑えられ、投射角は増加するためトレーニングとしての効果は薄い。また70～80mでは、投げ方そのものが変わってしまうことがわかった

参考文献：下山優ほか(2013), 野球投手におけるスピード・トレーニングとしての遠投の意義, コーチング学研究 第27巻第1号,59～66

遠投の是非

今でも指導者の間で議論になるトレーニングの1つが遠投です。上の図は球速を上げるためのトレーニング（ボールの初速度に及ぼす影響）として、遠投を研究したものです。この研究では20mから80mまでを10m間隔に分け、指示なしでの送球（F）とリリース時のボールの投射角を小さくするように指示をした送球（C）を計測しました。その結果、40mまではピッチング動作で投げることができ、「投射角を可能な限り抑えるように」と指示することで初速度アップのトレーニングになると述べています。一方で50m以上の遠投は投げ方自体が変わってしまうのですが、最大出力を出すトレーニングとしては有効になります。

ウェイトボール・トレーニングの注意点

ウェイトボールによって大きくなった外旋角から腕を振ることにより、パワーをつけることがトレーニングの目的になる。そのためには強度や頻度、回数に十分に注意する必要がある

ウェイトボールを使ったトレーニングの是非

ウェイトボールを投げることで球速が上がるという理論に基づいた練習方法があります。本書でもウェイトボールを使ったトレーニングを紹介していますが、実施する前に知っておいてもらいたいことを述べておきます。簡単に言うと「ウェイトのあるボールを投げることでパワー（速度×力）を伸ばす」ことが、このトレーニングの目的だとされます。

前提として、投球動作では、肩関節の外旋角が大きくなるほど内旋角も大きくなり、結果球速が上がります。そしてこの理屈の条件として、ボールがどの位置にあっても、腕を振る動作のパワーが一緒ということが挙げられます。ところが、ウェイトボールを持つことで、重さに引っ張られて肩関節の外旋角は大きくなります。しかし腕を振る動作は重さに負けてしまうことが多いのです。これはマスコットバットでのスイングと同じで、重さが増えることによって同じ動きができなくなります。つまり、やみくもにウェイトボールを投げても、効果的なトレーニングとはいえないのです。ではなぜウェイトボールを使ったトレーニングをするのかというと、「重いボールでも腕を振れるようにするためのパワーをつけること」が目的だからです。またリスクのあるトレーニングですので、「どの程度の外旋角を出すのか」「どの程度の重さを使えばよいのか」については、十分に注意をしながら行ってください。そして毎日ではなく、慣れるまでは3日に1回、慣れても2日に1回に抑えることが大切です。

追記 なお成長期の選手がこのトレーニングを行った場合、24%、約4人に1人の選手に障害が起こるという報告があるため、注意が必要です。

変化球の習得とレベルアップ

近年我々が行っている変化球の習得方法を紹介します。以前は投げ込みと個々の感覚を頼りに変化球を習得したり、質を上げるアナログ的なやり方が中心でした。しかし近年は様々な機器の開発が進んだため、投じたボールの球質がデータとして計測できます。そしてそのデータを分析しながら、最終的にはアナログの要素を用いて、変化球の習得や質を向上させるトレーニングを行っています。

具体的なやり方は、①機器を使って球質を計測する、②スマートフォンなどでピッチャーの後ろからリリースまでの動画を撮るという2つになります。

球質は一人ひとり異なるのですが、大きく分けて右ピッチャーが右バッターに対して胸元のほうに回転するシュート成分と、外側に回転するスライド成分、そして上方向のホップ成分と下方向のドロップ成分の4つがあります。特にシュート成分とスライド成分は効果的な球種に影響しますので、まずは球質を計測したうえで、覚える変化球を決めていくというやり方をお勧めします。そして覚える変化球を決めたら後ろから動画を撮り、腕の振りや手首の捻り度合いなどを確認します。その作業にピッチャーの感覚や指導者から見たポイントを話し合い、質を高めていきます。変化球については、拙著『変化球を科学する』（日東書院）で詳しく解説していますので、ご興味がある方はぜひそちらもお読みください。なお①の機器ですが、近年は精度が高い「IoTボール」が発売されていますので、このような機器を用いるとなおよいでしょう。

近年の変化球習得法

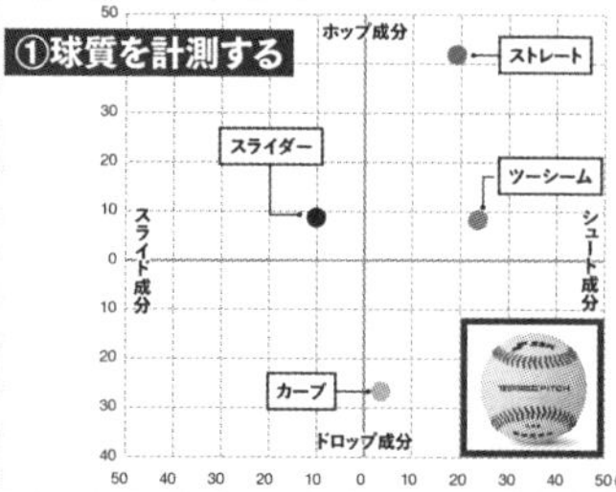

球質を知ることで、自分に向いている変化球や現状の変化の質を知ることができる。このデータと感覚をすり合わせながら、変化球の質を上げていく

リリースまでの動きを撮影することで、投げ方の具体的な改善点を見つける。この改善点と①のデータや感覚を組み合わせて、変化球を習得したり、質を高めていく

逆立ちで肩回りの安定性を獲得する

動画はこちら

逆立ちは肩甲骨を覆う三角筋が鍛えられ、肩関節の安定感を獲得するために高い効果があります。またボールを投げる際に使う上腕三頭筋やバランス感覚の向上、体幹の強化などの効果も期待できる練習です。

回数や時間の目安　10～20秒×2～3セット

1

ペアを作り四つんばいにになり、 逆立ちをする

2

肩回りを使って身体を支える。 身体の軸を真っすぐにしてその姿勢をキープする

ワンポイント

まずはペアや壁を使って肩回りの関節で身体を安定させる動きを覚えます。慣れてきたら1人で逆立ちをしたり、逆立ちをしたまま前後に進んだりしてみましょう。

ブリッジで肩関節の柔軟性強化

動画はこちら

プロ選手も行っている練習で、ブリッジも肩関節の柔軟性を獲得することが主な目的です。また胸郭や肩周りの柔軟性を高めることができます。さらに身体の背面側の筋群を鍛えることができるため、球速アップにつながったり、スイングの動きにもよい効果が得られます。

回数や時間の目安　10〜20秒×2〜3セット

1

仰向けに寝転がり、両手と両足を地面につける

2

両手と両足で地面を押して背中を持ち上げ、その姿勢をキープする

ワンポイント

ブリッジができるようになったら、ブリッジをしたまま前後や左右に進みましょう。そうすることで身体をイメージ通りに動かせるようになります。

動画はこちら

前転や後転で肩関節を動かす

これまでは肩関節の安定性を向上させることが目的でしたが、前転や後転は肩関節を柔軟に動かせるようになることが目的です。また真っすぐに転がることができるかを確認することで、身体のゆがみのチェックもできます。

回数や時間の目安	それぞれ10回程度×2～3セット

前転

3 中腰になるまで回って静止する

2 地面を蹴って前に回る

1 前方に両手をつく

後転

3 手首を返して地面につけ、頭をぶつけないように回る

2 地面を蹴って背中側に回る

1 バランスを取りながらしゃがむ

ワンポイント

前転や後転だけでなく側転も取り入れてみましょう。真っすぐに回れるかを確認することで、左右のバランスが崩れていないかを確認できます。

片足で真っすぐに立つ

動画はこちら

冒頭でも述べましたが、片足で立つことはピッチングでとても重要な動きです。丹田を地面の真上に置く感覚や身体の軸を真っすぐに保つこと、お腹を適度に緊張（腹圧）させることやよい姿勢でしっかりと地面を押すことなどに気をつけて、立って静止することを磨きます。

回数や時間の目安　左右それぞれ5～10秒×2～3セット

1 両足に均等に体重を乗せて立つ

2 腰のラインを目安に足を上げながら片方の腕を伸ばす

3 片足で立って軸を保ったまま、 胸の前にグラブを置く

4 反対側も同じように行う

ワンポイント

大学生の選手であっても、片足で安定して立てない選手が少なくありません。身体のどの部位を緊張させると安定して立つことができるのか、そのことを考えながら行ってください。

動画はこちら

指先でボールを弾く

指先でボールを弾く感覚も、小学生から持っておきたい感覚です。指先でボールを弾く感覚がなければ、コントロールの精度を身につけることが難しくなるからです。また習得できていないと、より球速のあるボールやキレのよい変化球も身につきにくくなってしまいます。

回数や時間の目安 左右それぞれ5～10回×2～3セット

ボールを弾いて投げる

1 ボールを持って弾いたときの感覚で実際に投げる

2 この動きを繰り返してよい感覚を身につける

ボールを持って弾く

1 片手でボールを持ち、 中指と人差し指の先のほうへボールを転がす

2 リリースでボールを弾く感覚を身につける

球速の速いピッチャーの共通点に、指先でしっかりとボールを弾けることが研究結果に出ています。つまりこの動きが身についていなければ、質の高い速球が投げにくくなります。投げるときに親指が先に離れることがポイントです。

遠くの的にボールを投げる

動画はこちら

指先でボールを弾く感覚を磨くことと同時に、いろいろな距離への送球をしましょう。そうすることで狙ったところへボールを投げる能力（制球力）が鍛えられます。過度に遠い距離を投げる必要はありませんが、18.44～2、30m程度の距離でボールを投げましょう。

回数や時間の目安　左右それぞれ10～15回×2～3セット

1
適度な距離にバケツなどの目標物を置く

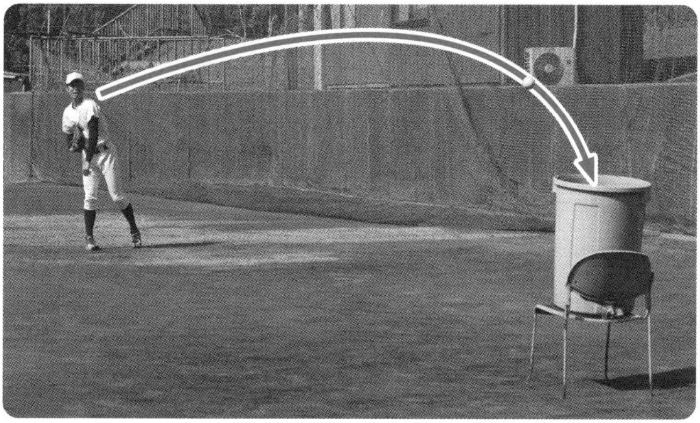

2
目標物に向かって山なりにボールを投げる。 いろいろな距離で行う

バスケットボールのフリースローが上手な選手は、奥行きを把握する「深視力感覚」が優れています。この練習では肩や肘に負担をかけることなく、この感覚を鍛えられます。

動画はこちら

前後に動きながらキャッチボール

この練習も115ページと同じ目的で行います。相手が前後に動くため、毎球投げる距離を調整する必要があります。指先でボールを弾く感覚を持ちながらキャッチボールを行うことで、投じる距離が自然に調整できるようになります。

回数や時間の目安　左右それぞれ10～15回×2～3セット

1 10～20mの適度な距離で向かい合う

2 ボールを投げたら前後に動く

3 ペア側も投げたら前後に動く

4 互いに1球ごとに移動しながらキャッチボールを繰り返す

ワンポイント

指先でボールを弾く感覚を身につけるためには、できるだけ練習を習慣化してください。このキャッチボールであれば、アップのメニューとして取り入れられます。

スナップスローで手首を使ってボールを投げる

動画はこちら

この練習も115ページと同じ目的で行います。手首のスナップを効かせて投げることで、手首や肘を柔らかく使った投げ方ができます。また肘に大きな負担をかけずに投げられます。指先の感覚を養うためには非常に効果の高い練習ですので、全選手が取り入れてください。

回数や時間の目安　左右それぞれ10～15回×2～3セット

1 10m程度離れて向かい合う

2 人差し指と中指、親指でボールを握る

3 しっかりと肘を上げ、身体の横からボールを投げる

4 この動きを繰り返す

ワンポイント

投球動作の自動化が崩れてしまう「イップス」ですが、このトレーニングはイップスの修正にも効果があります。横や後ろに軽くステップして投げると、さらに効果が上がります。

動画はこちら

ピンポイントに向かって投げる

小さい的に向かって投げることは、指でボールを弾く動きを身につける場合も重要ですし、コントロールを磨くという意味でも有効です。5円玉くらいの目標をイメージし、そのコースに投げ込むようにします。

回数や時間の目安 左右それぞれ10～15回×2～3セット

1 ペアが構えたミットに5円玉くらいの的をイメージする

2 的を目掛けてボールを投げ込む

ワンポイント

この練習もアップに取り入れてください。コントロールの精度がついてきたら、ホームベースの外角にボールを置き、そこを狙って投げることもよいトレーニングになります。

バック走でお尻周りの筋力強化

動画はこちら

身体の成長に伴い、徐々に全身のしなりを使った投げ方を覚えます。その際に必要となるのは、骨盤の前傾や股関節の伸展、お尻周辺の筋肉です。シンプルな動きですが、「お尻周りの筋肉を鍛える」ことを意識して行うことで、効果が高くなります。

回数や時間の目安 10～15m×2～3セット

1 後ろ向きになり、背中方向へ走る

2 お尻の筋肉を使うことを意識して行う

この練習でありがちなNGは、お尻の筋肉を使う意識が低いことです。そうなると膝から下だけの部分を動かしてしまうため、効果的なトレーニングになりません。

サイドステップで並進運動の強化

動画はこちら

投球時にバッター方向へ重心を移動する並進運動ですが、質の高い並進運動をするためには太ももの内側の内転筋やお尻の外側にある中殿筋の筋力が必要です。そこでおすすめなトレーニングがこのサイドステップです。動きが雑にならないようよい姿勢で行ってください。

回数や時間の目安　10～15m×2～3セット

1 肩幅よりも広めに足を開く

2 進行方向に対して後ろ足で身体を押し出すように地面を押す

3 後ろ足で押し出し後ろ足を引きつける動きを繰り返す

4 反対側も同じように行う

ワンポイント

理想は地面に対して身体が垂直のまま左右に動くことです。また上に跳び跳ねるのではなく、足をするようなイメージで左右にステップをしましょう。

正対のキャッチボールでよい投げ方を磨く

動画はこちら

しっかりと肘を上げ、回旋動作を使ってボールを投げるフォーム固めの練習です。冒頭で述べたように上半身の勢いを使って投げるのではなく、身体の前から肘を上げるようにして投げます。そして初級レベルで身につけた指でボールを弾いて送球をします。

回数や時間の目安　左右それぞれ10～15球×2～3セット

1 片膝をついて身体の正面を相手に向ける

2 グラブを前に出しながら肘を上げて送球動作に入る

3 上半身の回旋動作を使っていく

4 前に出したグラブの辺りでリリースするように投げる

ワンポイント

グラブを前に出すことで、投げるほうの肘が背中側に入ることを防げます。下半身と連動して投げる場合にも、ここでの動きが基本になります。

歩きながら投げて全身を連動させる

動画はこちら

この練習は下半身の動きと上半身の動きを連動させることが目的です。動きとしては踏み出したときに肘を上げ、踏み出し足に踏み込んだ時に腕を振って投げます。ピッチャーだけでなく送球にも必要な動きですので、野手の方々も実践してください。

回数や時間の目安　左右それぞれ10〜15球×2〜3セット

3 前足に体重を乗せながら腕を振る

1 ボールを持って歩きだす

4 しっかりと腕を振り切る

2 軸足に体重を乗せながら肘を上げる

ワンポイント

本来のピッチャーの投げ方は、軸足がプレートに対して平行になります。この練習は下半身と上半身の連動が目的ですから、軸足の向きは気にせずに行いましょう。

サイドステップの要領で足を踏み出す

動画はこちら

速いボールを投げるためには、プレートに対して軸足を平行に置き、横向きで投げる必要があります。上半身と下半身を連動させながら、サイドステップの要領で足を踏み出して投げる動きを作ります。121、122ページの練習と合わせて行うと効果的です。

回数や時間の目安	左右それぞれ10回程度×2～3セット

3 肘を肩のライン目安に上げていく

1 ボールを持たずに横向きに構える

4 実際に投げる必要はなく、 この構えができればOK

2 踏み出しながら投げての肘を上げ、 グラブ側の手を前に出す

ワンポイント

歩きながら投げる動きとこの練習をミックスさせることで、よい投球フォームが作れます。121ページからここまで通して行ったら、実際にボールを投げてみましょう。

高目のイスに浅く座ってからスロー

動画はこちら

よいステップの基本は、軸足と踏み出した足が一直線上になることです。このステップができなければ、足をついた時点で身体が開く投げ方になってしまいます。この練習はイスから立って投げることで、よいステップの動きが自然にできるようになります。

回数や時間の目安	左右それぞれ10～15回×2～3セット

1 高目のイスに浅く座る

2 そこから立ち上がって投球動作に入る

3 前足を踏み出すと軸足と一直線になる

4 この動きを繰り返す

ワンポイント

身体の成長で力がついてくると、踏み出した足が内側に入るインステップになりがちです。その場合はこの練習でよいステップを作ってから投球練習に入りましょう。

指でボールを弾いて バックネットへ投げる

動画はこちら

指先でボールを弾けない場合に効果的な練習です。バックネットに向かって構えることで、ボールが指先に乗りやすくなります。その状態から最後までしっかりと指先を使ってバックネットの最上段にボールを投げることで、指先でボールを弾く感覚が鮮明になります。

回数や時間の目安　左右それぞれ10～15球×2～3セット

2 ネットの最上段を目掛けてボールを投げる

1 ネットの前に立ち、肘が上がるように送球動作に入る

指先でボールを弾く感覚がつかめたら、実際の投球でも同じような感覚が得られるように投げます。指先でボールを弾くことによって、より速いボールを投げられます。

棒を担ぎ肘と肩の高さを維持して投げる

動画はこちら

投球時に肘や肩が下がると、ケガのリスクが高まります。そのためしっかりと肘を肩のラインに合わせて投げることが、投球の質を上げるうえでも、ケガのリスクを下げるためにも重要になります。この練習は肘と肩が同じくらいの高さで投げる動きを洗練します。

回数や時間の目安 左右それぞれ10〜15回×2〜3セット

1 肩に棒を担ぎ、 足を大きく開いて横向きに構える

2 前足に体重を移動する際に肘が下がらない感覚をつかむ

3 腕を伸ばしながら振っていく

4 この動きを繰り返す

ワンポイント

棒を担ぐことで、強制的に肘と肩が同じくらいの高さになります。棒を担いで構えたときの肘と肩の高さが基本ポジションになるように、繰り返し練習をしてください。

胸を張った反動でウェイトボール投げ

動画はこちら

胸を張った状態から、胸を引くような動きに合わせて腕を振る動きと投げ方を覚える練習です。重さのあるボールを投げることで、力の発揮の仕方がつかめます。ただしリスクもある練習ですのでまずは硬球に近い重さからはじめ、最終的に350g程度に留めてください。

回数や時間の目安　左右それぞれ10球×1セット、2、3日に一度にする

1 はじめは硬球に近い重さのボールを使う

2 肘を上げた状態から胸を前に出して張る

3 張った胸を戻す動きに合わせて腕を振る

4 大きな力を発揮してボールを投げる

ワンポイント

力を発揮する感覚がつかめる練習ですが、冒頭に書いたようにリスクもあります。はじめは3日に1度、1回につき10球という実施回数と重さを守って行ってください。

動画はこちら

全身のしなりを使って棒投げ

全身のしなりを使って力を発揮させて棒を真っすぐに投げます。力よりもタイミングが重要です。棒が地面と平行のまま真っすぐに飛べばOKですが、棒が傾いたり左右に飛ぶ場合には、全身の連動がしっかりとできていません。その点に注意して行ってください。

回数や時間の目安　10〜15回×2〜3セット

1 両手に棒を持ち、 足を前後に開いて立つ

2 胸やお腹を前に出して張りながら棒を後ろに引く

3 張った胸やお腹を戻す動きに合わせて腕を振る

4 棒が地面と平行かつ真っすぐに飛べばOK

ワンポイント

全身を連動させて力を発揮し、適切な方向に投げるというピッチングで大切な要素が詰まった練習方法です。はじめは5m程度、最終的には10mを目指してみましょう。

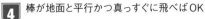

膝立ちのウェイトボール投げで力を発揮させる

動画はこちら

127ページの練習を、ウェイトボールを使って行います。胸やお腹を前に出す動きを使って、大きな力を発揮するようにして投げます。127、128ページの動きが成熟してきたら、この練習に移行しましょう。

回数や時間の目安　左右それぞれ10球×1セット、2、3日に一度にする

1 ウェイトボールを持って膝立ちになる

2 胸とお腹を前に出して振りかぶる

3 張った胸を戻す動きに合わせて腕を振る

4 大きな力を発揮させてウェイトボールを投げる

127ページの練習よりも高い効果が得られますが、きちんとした身体の動かし方やよいポジションができていない段階では、この練習は実施しないようにしてください。

動画はこちら

ネットなどに全力で投げ込む

これまで練習してきた動きを使って、硬球を100%の力で投げます。ボールを使わない練習もありますが、実践的な投球では腕が伸びきったところでボールを離すようにします。誰かにチェックしてもらったり動画を撮って、これまでの動きができているかを確認しましょう。

回数や時間の目安　左右それぞれ10球程度×1セット

1 硬球を持って立つ。ネットなどに向かって投げてもよい

2 これまで練習した動きを使って全力で投げ込む

ワンポイント

すべての動作を同時にやろうとすると難しくなります。「今日は胸を前に出す動き」「全身を連動させる」など、ポイントを絞って行うと確認と課題発見がしやすくなります。

グラブ側の手を引きながら投げて制球力アップ

動画はこちら

グラブ側の腕を前に伸ばし、グラブ側の腕を引きながら投げます。グラブの延長線上にキャッチャーミットがあるというイメージをして投げることで、目安を作ったうえで投げることができ、制球力を磨くことができます。

回数や時間の目安	左右それぞれ10球程度×2～3セット

1 グラブ側の腕を前に伸ばして構える

2 グラブ側の腕を引きながら投球動作に入る

3 全身を連動させながら左右の腕を入れ替えるように投げる

4 この投げ方によって制球力を上げられる

膝立ちでも立って行ってもOKです。また制球力で有用な動きは指先でボールを弾くことです。人差し指と中指でボールを弾く感覚を持ちながら行ってください。

初歩的なカーブを覚える

動画はこちら

最初に覚えるカーブの投げ方を紹介します。下の写真のようにボールを握ってボールを持ち上げ、人差し指と中指が上にある状態で投げ下ろします。先に肘が前に出てきて、その後からボールがくるように投げられると抜けたような変化のボールになります。

回数や時間の目安　10球程度×2～3セット

握り方

1 縫い目に人差し指と中指をかける。 横向きに握ったまま腕を振る

2 親指をボールの真下に置いて手首を捻る

3 ボールと指の間に間を作る。隙間を作らないようにする

初歩的なカーブの投げ方

1 人差し指と中指が上にある状態で振りかぶる

2 手首や指を捻らずに投げ下ろすと投球角度に応じたカーブが投げられる

ワンポイント

上から投げ下ろすと縦めの変化をし、横から投げると斜めに膨らんだような変化をします。変化球は投球角度によって変化が変わるため、いろいろと試してみましょう。

初歩的なスライダーを覚える

動画はこちら

初歩的なスライダーは、ボールの横を指が滑るようにして投げます。また腕は空手チョップの要領で振り、強い回転をかけます。また後ろからリリースを見たときに、中指が見えないくらいまで回内させるとよい変化がかかりやすくなります。

回数や時間の目安	10球程度×2～3セット

握り方

1 人差し指と中指を揃えて中指を縫い目にかける

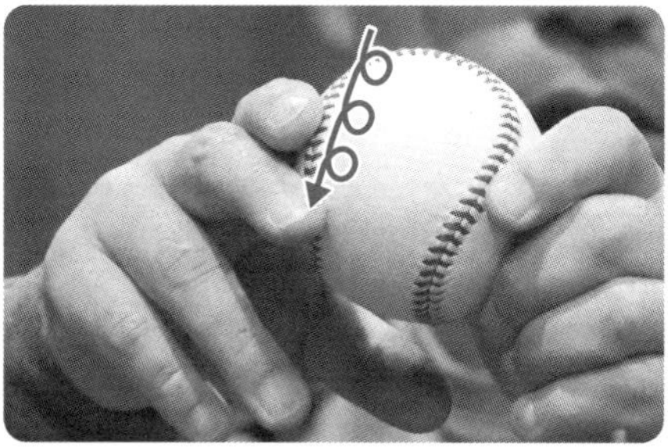

2 指がボールの横を滑るように動かす

初歩的なスライダーの投げ方

1 空手チョップのように腕を振り下ろしていく

2 指を巻き込むようにして投げる

カーブは腕や手首を、スライダーは指を巻き込むように投げます。見た目の動きは同じですが、感覚としてこのような違いがあることを覚えておきましょう。

可動域と筋力アップのための メディシンボールトレ5種

動画はこちら

可動域と筋力アップは球速を上げるうえで非常に重要です。ここで紹介するメディシンボールを使った5つの練習は、いろいろな部位の筋力を鍛えると同時に、全身を連動性や反動を使った動きを鍛えることができます。筋力に合わせて重さを調節してください。

回数や時間の目安	それぞれ5回程度×2～3セット

①キャッチしたら寝転がってから返球

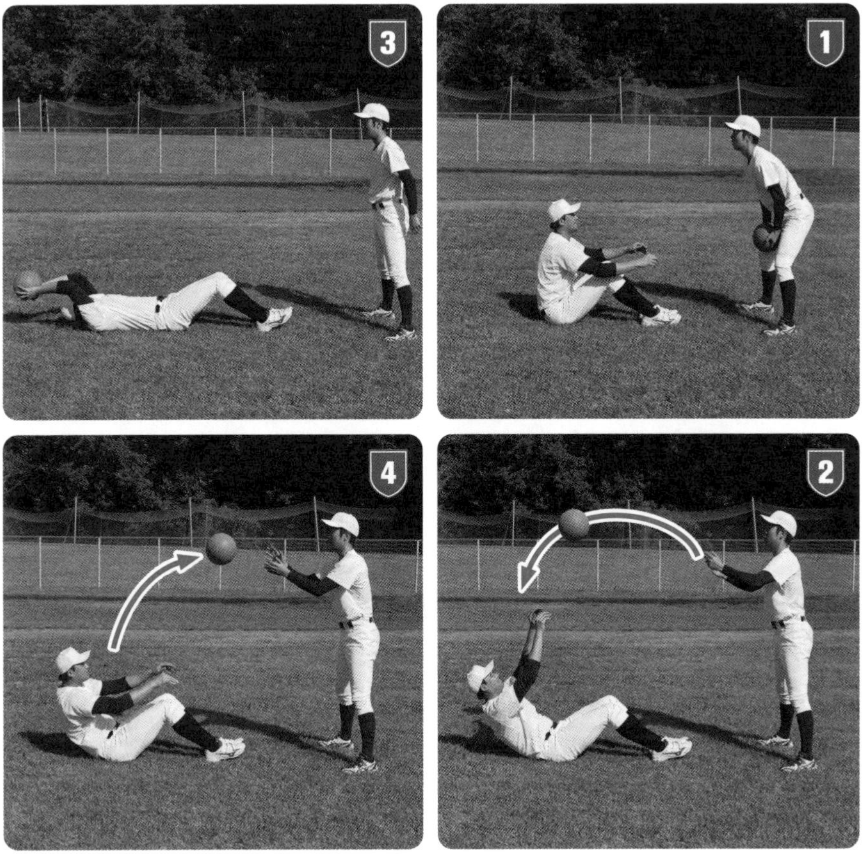

長座になりペアはメディシンボールを持つ。 ペアがボールを出したら、 キャッチしてから寝転がり、起き上がる反動を使ってペアにボールを返す。 この動きを繰り返す

よいピッチングでは股関節の動きが重要です。後ろ足でプレートを押して地面からの力を得たら、前足で股関節がつぶれないように支え、股関節に力をためます。そしてそのエネルギーを上半身、最終的には指先を通じてボールに伝えていきます。メディシンボールを使ったトレーニングでは可動域と筋力アップだけでなく、このような股関節で身体を支える（つぶれるのをがまんする）動きも同時に鍛えることができます。

②地面に叩きつけてバウンドさせる

両手でボールを持ち、全力で地面に向かって叩きつける。 腕の力だけでなく、 全身の連動性を使って行う

③斜めからのボールをキャッチして前に投げる

斜め前からのトスをキャッチしたら投球動作に入る。 そして反動を使いながら全身を連動させて、前足のつま先が向いているほうへ投げる

④真上に向かってボールを投げる

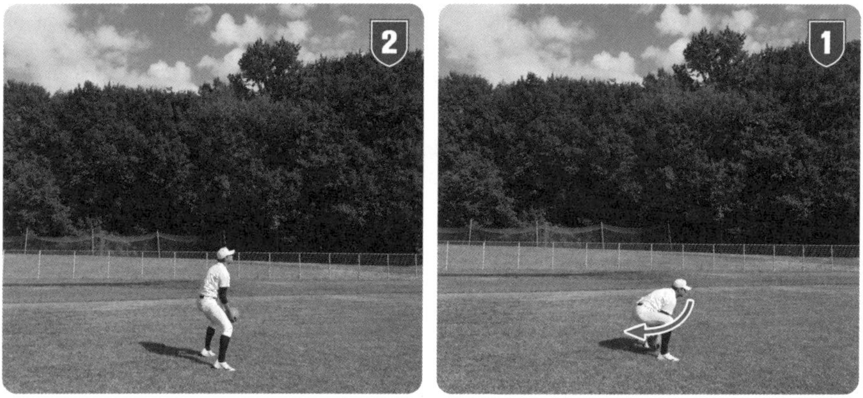

⑤ジャンプから着地し背中側に投げる

軽くジャンプをしたらしゃがみこむ。その反動を使って地面を押しながら背中側にボールを投げる。できるだけ高く、遠くへ投げる

勢いよくしゃがみこみ、地面を蹴った反動で真上にボールを投げる。全身を使ってできるだけ高くボールを投げる

ワンバウンドを投げてボールを前で離す動きを強化

動画はこちら

マウンドからキャッチャーに向かってワンバウンドのボールを投げます。バウンドさせるためにはボールをしっかりと指にかけ、身体の前でボールを離す必要があります。この練習をすることで、この2つの動きを磨くことができます。

回数や時間の目安　10～15球×2～3セット

1
指先をボールにかけ、身体の前でボールを離す

2
鋭いワンバウンドを投げ込む

ワンバウンドといっても山なりのボールではなく、ストレートを投げるつもりでワンバウンドさせます。身体の前でボールを離すイメージをつかみましょう。

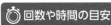

キャッチャーを後ろに下げた投球で伸びの強化

動画はこちら

キャッチャーを1、2m後ろに下げて投球をすることで、より伸びのあるストレートを投げる練習になります。ここで大切なことはこれまでの練習で身につけた全身の連動を使って投げることです。変に力んでしまい、身体が前に突っ込まないように注意してください。

回数や時間の目安 10～15球×2～3セット

1 マウンドからキャッチャーまでの距離を1、2m延ばす

2 全身を連動させてボールを投げ込む

ワンポイント

指先を上手に使える選手とそうでない選手は球速に30km/hの差が出るという研究結果もあります。この練習でも指先でボールを弾く感覚を大切にしながら行ってください。

逆傾斜を利用してお尻を使った投げ方の強化

動画はこちら

軸足でプレートを押すようにした結果としてお尻が上がります。その動きを覚えるために適した練習が、逆傾斜を使っての投球です。前足が高いため、軸足でしっかりと地面を押せなければ、球威のあるボールが投げられません。軸足で押すという感覚を身につけましょう。

回数や時間の目安	10～15回×2～3セット

1 マウンドの傾斜などを使って行う。 高い位置に前足を置く

2 投球動作に入る

3 軸足で地面をしっかりと押す。 踏み出した足の膝が前に出ないように注意する

4 その結果お尻が上がり、 球威のあるボールが投げられる

ワンポイント

よいピッチャーは軸足側のお尻が上がり、踏み出し足側の股関節が曲がることでバッター方向に大きな力を発揮しています。そのために大切な軸足側の動きを鍛える練習です。

変化球の質を高める

動画はこちら

変化球はコントロールの精度が難しくなりますが、握り方を変えることで変化も変わります。109ページで紹介したやり方で、いろいろな変化球を試してください。実践で有効となるのはストレートに対して-15km/hと-30km/hと15km/h差の変化球です。

回数や時間の目安　10球程度×2～3セット

1

ストレート(145km/h)、スライダー(130km/h)、カーブ(115km/h)と15km/hの球速差のある変化球を持ちたい

後ろからリリース時を撮影することで改良点を見つけやすい

2

データだけでなく投げた感覚などアナログ要素も大切にする

ワンポイント

よいスライダーを持つ選手がシュート系の変化球を練習すると、スライダーの曲がりが悪くなることがあります。変化球をたくさん覚えることの弊害も理解しておきましょう。

Epilogue
おわりに

上達には必ず段階があります。それぞれの段階で適切な練習をすることによって、次の段階にステップアップできます。そして本書で何度も述べてきましたが、優先順位の最上位は身体です。身体へのトレーニングだけでなく、食事による栄養の摂取や十分な睡眠も重要です。そして身体のことを人任せにせず、自分が主体という意識を持って行ってください。身体ができてくると、自分の身体に見合った技術がついてくるものです。逆に身体ができていないのに逆方向への長打を狙ったり、球速150km/hを目指したりすると、目指している目標に到達できない可能性が出てしまい、ケガにつながることもあります。

それから巻頭で述べた戦術ですが、これは考え方のことです。例えば打てないコースがあったとします。そのコースを見送るのも戦術ですし、ファウルにするのも戦術です。自分に合った戦術を考えていくことも大切にしてください。同時に自分の可能性を広げるために、打てなかったコースも積極的にバットを振るといったチャレンジをしてもらいたいと思います。

またピッチングであれば、球速アップや新しい変化球の習得を目指す選手がほとんどでしょう。しかしピッチャーが投げる目的は打者を打ち取る、つまりアウトを取ることです。どのようにしてバッターを打ち取るかを考えると、まずはしっかりとストライクゾーンに投げ込んでいくことが大事です。そのうえで球速アップや変化球の練習をしていくことが本筋です。これが逆になってしまうと球速はあるけど制球力がない、変化は鋭いけど変化しない球も多いなど、実戦で通用しません。

上達していく段階で必ず壁に当たるでしょうし、何かしらの課題が出てくることもあるでしょう。その時はさらなるフィジカルの向上が必要になった時期だと考えてください。そうすると、フィジカルが強化され技術も上がる→新たな課題が見つかる→再びフィジカルを強化し技術が上がるという好循環が生まれます。そして実はこの繰り返しが上達への近道になります。

筑波大学 体育系　准教授・博士(コーチング学)　川村 卓

著者紹介

川村　卓（かわむら・たかし）

1970年生まれ。筑波大学体育系准教授・博士（コーチング学）。筑波大学硬式野球部監督。日本野球学会会長、全日本大学野球連盟監督会副会長、首都大学野球連盟常務理事。札幌開成高校時代には主将・外野手として夏の甲子園大会に出場する。また筑波大学時代も主将として活躍。筑波大学大学院修士課程を経た後、北海道の公立高校で4年半、監督を経験する。その後2000年12月に筑波大学硬式野球部監督に就任。18年明治神宮大会出場を果たす。主にスポーツ選手の動作解析の研究を行っている。主な著書に『変化球を科学する』、『ストレートの秘密』（共に日東書院）、『「次の一球は?」野球脳を鍛える配球問題集』（辰巳出版）、『最新科学が教える! ピッチング技術』『最新科学が教える! バッティング技術』『最新科学が教える! キャッチャーの技術』（共にエクシア出版）、などがある。

●モデル
野中　聡　早津寛史

●企画・編集・構成
佐藤紀隆（株式会社Ski-est）
稲見紫織（株式会社Ski-est）

●デザイン
三國創市（株式会社多聞堂）

●撮影
眞嶋和隆

●画像提供
ゲッティイメージズ

最新《さいしん》科学《かがく》で身《み》につける！
ピッチング・バッティングの技術《ぎじゅつ》

2024年1月15日　第1刷発行

著　者　　川村　卓

発行人　　永田和泉
発行所　　株式会社イースト・プレス
〒101-0051
東京都千代田区神田神保町2-4-7久月神田ビル
Tel.03-5213-4700／Fax.03-5213-4701
https://www.eastpress.co.jp

印刷所　　中央精版印刷株式会社
　ISBN 978-4-7816-2275-0